中国朝鮮族村落の社会学的研究

自治と権力の相克

●

林　梅　著
lin　mei

「村の革命烈士記念碑」
2012年8月筆者撮影

御茶の水書房

「転換期の新龍集落」2005 年 6 月筆者撮影

「新龍集落の変化」2011 年 8 月筆者撮影

「わずかに残っている延東集落の農家」2005 年 5 月筆者撮影

「新龍集落の最後の草屋」2005 年 6 月筆者撮影

「村老人会が踊る集団民俗舞踊」2006 年 8 月筆者撮影

「幹部の視察に披露する朝鮮族伝統料理」2011 年 8 月筆者撮影

「千年松と周辺の風景」2005 年 6 月筆者撮影

「千年松と整備された周辺の風景」2010 年 8 月筆者撮影

「人びとの遊び場としての千年松」2006 年 8 月筆者撮影

「神化される千年松」2010 年 8 月筆者撮影

「閑散とした新龍集落の冬」2012 年 12 月筆者撮影

「延辺博物館に保存されている葬儀に使用する喪輿」2012 年 12 月筆者撮影

はじめに

国家や民族が話題になると、息苦しくなって、どこかに逃げたくなる。ところが、逃げ場はどこにもない。そんな人びとがこの世にはいる。筆者もまたその一人であり、そうした束縛から逃れて暮らせる人びとに憧憬を抱きながらも、その一方で、そうした条件で生きざるを得ないと覚悟して生きてきた。そもそも、国家や民族は、筆者が生まれる前からすでに運命としてあった。

筆者は、中国の文化大革命（以下では文革）のさなかに、「臭老九」の朝鮮族の両親の下で中国東北部に生まれた。文革は、正式には「無産階級の文化大革命」であり、「十年動乱」とも称される。一九六六年から一九七六年まで続き、「社会主義の建設を妨げる資本主義文化と封建的文化を批判する」ことを大義として掲げたが、結果的には中華人民共和国建国以来の最大の被害をもたらした。「臭老九」とは、知識人を指す蔑称である。地主、富農や反革命分子など思想改造の対象のなかでも第九番目に位置づけられたから、「老九」なのである。つまらない見栄をはり、偉そうにする連中だとして揶揄する意味が込められて、「臭」なのである。つまり、筆者の人生は生まれる前から文革によって規定された人生の枠組みであったということになる。

小学校二年のころに文革は終わった。文革の終焉は、大人にとっては動乱の終わりを意味するものであったが、筆者にとっては憧れだった少年児童組織の隊員である「紅小兵」がなくなることを意味した。「紅小兵」には、試練に耐えた子供だけがなり得たから、その子供にとっては大きな自負であった。だからこそ筆者は、「紅小兵」になるべく、先生の指示通りに、誰よりも朝早く登校して掃除をし、友達と遊びたい気持ちを抑えながら勉強とスポーツに励み、納得できなくても我慢して同級生らと誠心誠意で接するなどの努力を重ねた。そしてその結果、一年の終わりごろクラスメートの満場一致で第一期の「紅小兵」に選出され、隊員の目印である「紅領巾」（赤いスカーフ）を首に結んだときは、達成感と喜びに浸った。当初は母に結んでもらった「紅領巾」をやがては自分で結べるようになり、「毛主席の紅小兵」として意気揚々としていた。ところが突然、担任の先生から「紅小兵を一律取り消し、新たに少先隊員を選ぶ」と告げられ、結んでいた「紅領巾」をはずされた。その日、いつもは近所の子供たちと一緒に帰る道を一人で下校した。溢れる涙を他人に見られたくなかった。なのに、家に近づくと、そんな傷心など知らない近所の大人たちが笑顔で話しかけてきた。

「紅小兵」が「少先隊員」に代わることは幼い筆者にとって全く不条理だった。しかし、「紅小兵の取り消し」の理由を子供にわかるように説明してくれる大人はいなかった。おそらく、大人にも分からなかったのだろう。あるいは、知っていたとしてもいえるような社会情勢ではなかったのだろう。その後は、「紅小兵」に代わる「少先隊員」になるために努力した覚えなど全くない。

このように筆者は、幼少期から「政治的挫折」を経験しながらも、その理由が曖昧なまま育った。その後、文革後を生きる大人たちの苦悩を間近にしながらも、そこに踏み入ってはいけないという暗黙の了解が支配するなかで、学生時代を過ごした。

そのような社会環境が影響したのか、政治への関心は高かった。それは筆者だけではなく、同世代の人びとに共通のものだった。大学に進学すると、「天安門事件」に参加したが、結局、それも挫折に終わった。「文革」の影響のなかで育ち、「天安門事件」をさまざまな形で経験した若者たちの心中には何が生起していたのだろうか。筆者のなかではまだ完結していない問題が少なくない。複雑な政治状況下で育ったからこそ、いち早く物事の「明暗」や「表裏」を見抜くことができるようになったかもしれないとは思うものの、それが幸せなのかどうか分からない。ともかく、筆者は、このように国家を強く意識するべく強いられてきたのである。

筆者のもう一つの準拠枠に、中国朝鮮族としての出自の問題がある。こうした集団が存在するようになった経緯には、日本の帝国主義が深くかかわっていたにもかかわらず、日本における知名度は著しく低い。現在も脱北者の話題に絡んで触れられる程度である。

中国朝鮮族とは、一九世紀末以降、日本の帝国主義的侵略が激しくなる過程で、生き延びるために「犯禁越境」して中国東北地域に移住し、中華人民共和国の設立とともに中国国籍を選択した朝鮮人やその子孫である。

中国朝鮮族は、朝鮮族自治州の特産品の一つである「苹果梨《サグァベ》」という果物に例えられることが多い。「苹果梨」は、朝鮮人が一九二一年に朝鮮咸鏡南道北青郡から六本の梨の穂木を持ち込み、中国東北地域に自生していた山梨の台木に接木したのが始まりである。そのうち根をはった三本の穂木は、昼夜の気温差が激しく、冬には摂氏マイナス三〇℃を下回る中国東北の気候に耐えて「苹果梨」の起源となった。接ぎ木によって苗木を育成し、剪定、人工授粉、傾斜地の田畑における栽培が続けられ、一〇〇年近い歴史があり、一九五二年には新しい品種であることが証明された。それまでは「夫本」の山梨より比較にならないほどおいしいという意味で「真梨」という通称が用いられていたが、それ以降は正式の「苹果梨」という名称を得ることになったのである。接木から特産品になる一連の生育過程との相似性から、「苹果梨」は、中国朝鮮族の移民から定着へと、新しい地に根をはった歴史に例えられることが多いのである。

朝鮮族は、朝鮮半島からの移住民であることをもってして、二重のアイデンティティをもった存在として捉えられることが多かった。しかし、このような認識に対しては多くの反論が繰り返されている。筆者もまた違和感を覚えている一人である。だとしても、朝鮮族のアイデンティティは「何々である」と明確に答えることが難しい。生き延びて新品種となった「苹果梨」は、二重のアイデンティティよりも、劣悪な生活環境に適応するために「母本」と「夫本」から生活の智慧を受け継ぎ融合しながら、さらに新しい生活様式、知性、感情を創造してきた。そのアイデンティティは、まさに接木から特産品になる一連の生育過程の奮闘のプロセスから形成されたものであり、今なお絶えず新しい創造を繰り返している。朝鮮族のアイデンティティは、朝鮮半島というルーツと中国東北というルーツの二つだけではない。朝鮮半島からの移民が中国東北地域の自然環境やこの地域を取り巻く国内政治・社会および国際情勢に影響されながら定着した生活のプロセス、つまり生き延びるために奮闘する過程で形成されたものであり、トランスナショナルな移動のなかで今なお絶えず変化を遂げている。

本書は、このような国家や民族の準拠枠を生きざるを得なかった筆者の、そこから逃れようとする潜在的意識と、それと抗する思考の積み重ねが投影されたものであり、それとともに、十年間のフィールドワークによって検証してきた朝鮮族村落の自治と権力の相克のリアリティとが絡み合った結果報告である。

二〇一四年五月

林　梅

凡例

一．本書では、朝鮮人と朝鮮族を時代によって区分して使っている。一九五二年中華人民共和国が行った「少数民族識別」によって中国の少数民族の一つに認定されたことから、一九五二年以降は朝鮮族、それ以前を朝鮮人と区分している。ただし、両方の歴史期間を含む場合は、朝鮮族を用いている。例えば、朝鮮族村落や朝鮮族歴史などである。

二．本書で使用している「北朝鮮」と「韓国」は、それぞれ朝鮮民主主義人民共和国と大韓民国の略称である。

三．現地では、集落と行政村の両方に「村」という名称が用いられているが、混乱を避けるために本書では、集落は「集落」、あるいは、新龍村は「新龍集落」、上村は「上集落」などと表記し、行政村は「村」、あるいは、「山鵬村」として、区分して表記することにする。

中国朝鮮族村落の社会学的研究　目次

目次

はじめに　i

序章　自治と中国村落社会　3

1　本書の視点　3

2　現代中国村落社会研究における自治の問題　6

一　組織法における「村民自治」　6

二　村民自治の結合関係　8

三　自律的な創意工夫　10

四　中国朝鮮族研究における村民の自治　13

3　研究視角　16

一　研究対象　16

二　研究視角と調査方法　19

4 本書の構成……22

第一章 国家と民族のはざまの歴史――29

1 朝鮮族農村社会の形成と変容……29
2 政治概念としての中国朝鮮族……30
3 先行研究……32
4 犯禁越境者の連帯性……34
5 共同性と社会性の出現……37
6 政治実践の出現……39
7 政治実践の実現……42
8 政府の統治政策への同調と分離……45

9　共同性の弱体化……47
10　朝鮮族村落の形成と変容……49

第二章　政治政策と生活実態の乖離

第二章　政治政策と生活実態の乖離――55
1　村民の主体的村運営……55
2　朝鮮族研究と農村政策の変遷……57
3　中華人民共和国成立直前の政治情勢と生活……59
4　現政権と農村生活の実態……61
一　政策変化に対する村民の見解　61
二　村史が語る政策の意味　65
5　小結……70

第三章　村民委員選挙に現れる村民の自治――73

1　行政主導の選挙から民主選挙へ……73

2　村民自治と村組織の関係……74

3　組織法の施行と村民委員の選出……76

一　行政における実施方案　76

二　山鵬村の選挙　77

三　村民委員の基準　78

4　村幹部選出の内実……82

一　伝統組織におけるリーダーの選出基準　82

二　伝統組織と集落組織および村組織　84

三　集落自治における老人層と若年層の対立　86

5 村幹部の推薦 89
6 小結 91

第四章　観光開発に見られる村の意思と国家の力 95

1 村と国家権力の再考 95
2 観光開発の対象と土地利用 98
3 観光開発事業を可能にする条件 99
一 観光開発の資源—千年松 99
二 観光地の利用権と交通の確保 100
三 陳情への道のり 102
四 千年松の観光資源化のための「美化」 104
4 政策意図の解釈と村の実践・承認 106

一　村民委員に対する承認の仕組み　106
二　村基準における正当性　109
5　小結……111

第五章　国境を越えた労働移動にともなう村落における「留守」システム――　115

1　労働移動における戸籍制度の二面性……115
2　農民工に関する諸研究……118
3　朝鮮族の移動……120
4　移動の要因と到達点……122
5　「留守」の見直し……125
一　出稼ぎによる村の変化　125
二　土地経営と仲介ビジネス　127

三　高齢化と老人会の対処　130
四　廃校問題とその背景　132
6　小結……135

第六章　墓地をめぐる行政の力と村の意思
——村民委員の役割を中心に——139
1　埋葬改革をめぐる行政の政策と村民の習俗や利益との齟齬……139
2　先行研究史と分析視角……140
3　山の管理と葬儀の意味……142
一　中国建国から改革開放までの村落の葬儀　142
二　土地の請負制と墓地の利用　143
三　埋葬改革をめぐる行政と村の齟齬　145

4　村の創意工夫と村民委員の役割……147
一　村民委員の両立的対応　147
二　衝突の沈静化についての解釈　148
5　村民の創意工夫の成立条件……150
6　小結……153

第七章　村における包摂と排除の仕組み――157
1　文革がもたらした村の課題……157
2　村における対立……159
3　文革がもたらした負の連鎖……160
4　今になって語られる暴力の記憶……161

5　負の連鎖に対する村民の対処……164
6　村の秩序維持の仕組み……167

終章　自治と権力の相克を乗り越えて――171

1　「社会関係資源」の活用という視角……172
2　創意工夫と村民自治……173
3　創意工夫の生活論理……176
4　国家権力と宗族社会からの再検討……179
5　今後の課題……181

あとがき　187
参考文献　193

付録　201
図1　地域区分における調査対象地の位置関係　202
図2　山鵬村の略図（二〇一〇年筆者作成）　203
図3　調査対象地行政組織関連図（二〇一一年筆者作成）　203
表1　中国東北部の朝鮮族に関する年表　204
表2　調査対象村の土地政策、民族自治、葬制、土地利用形態の関連表　210
索引　(i)

中国朝鮮族村落の社会学的研究

——自治と権力の相克——

序章　自治と中国村落社会

1　本書の視点

本書の研究目的は、中国の村落社会における、村民の自治のあり方について検討することである。

まずは、村民自治がなぜ注目されるようになったかを見てみよう。一九七八年の改革開放以降、計画経済から市場経済へ移行するなかで、生産と生活のいずれにおいても個人化傾向が強まった結果、集団統治の方式は農村におけるその機能の衰退が顕著となり、新たな統治方針を立てざるを得ない状況にあった。そこで一九八八年に施行されたのが、村民委員会組織法（以降では組織法）である。そこでは、「民主選挙、民主決策（方策を決定）、民主管理、民主監督」という理念を掲げ、村民委員会が「自治」組織の基礎単位であり、村民委員は村民による民主的選挙によって選出されることを明文化した。

そして、その組織法による「村民自治」の施行以降、村民自治問題[1]が社会的関心を集めるようになるのだが、その理由は次の通りである。農村における計画経済から市場経済への路線転換は、「土地承包法」に象徴された。土地を集団的所有・利用から、集団的所有ではあっても利用は世帯に請け負わせるという制度への変更である。それによって一九八〇年代半ばから後半までは、都市と農村住民の経済格差は縮小していくように見えた。しかし、一九九〇年代になると農民負担の過重が引き起こした農民暴動事件（張　二〇〇一）や農村幹部による農民迫害（陳・春　二〇〇三）など諸種の社会問題が続出し、二〇〇六年までに全国で約四〇〇〇万人の失地農民が生まれた（高・李　二〇〇六）。要するに、「土地承包法」によって農村における極度の貧困は解消されたものの、農民と農村幹部の権力構造の矛盾はいっそう深刻化し（姚　二〇〇七）、農民たちの利益を代表する組織の不在（中根　二〇〇七）など、「村民自治」の限界が露呈したのであった。

その一方で、改革開放以降の中国では、少数民族問題も顕著になってきた。多民族を抱えながら「一中国一中華民族」の原則を固持する国家統治の矛盾が、少数民族居住地域とその他の地域との経済格差という形で露呈し、あげくは激しい衝突をもたらした。二〇〇八年のチベット暴動、二〇〇九年のウイグル民族紛争、さらには二〇一一年の内モンゴルの民族間衝突など、中国政府が掲げてきた「中華民族多元一体構造」(2)は大きな試練を迎えることになった。民族的伝統の保持を求める宗教人士（宗教的地位が高く教養がある人）、民族間の経済格差に苦しむ少数民族、実権を握れない少数民族の幹部たち、彼らの不満はつねに中国の政治体制に向けられるため、究極的には国家統治システム自体も問われかねず、その兆候がすでにある（星野　二〇〇八）。また、少数民族の多くは辺境地域の貧しい農村部で生活しており、市場の開拓を目指す漢民族系中国人がそこに流入・移住し、資本がない少数民族は被雇用者に転じざるを得ない。その結果、チベットやウイグルなどの少数民族文化もまたしだいに衰退していく。このように、改革開放による主民族と少数民族の関係が元来はらんでいた矛盾が、経済格差と、それにともなう少数民族社会の文化衰退という社会問題として浮上するに至ったのである。

そうした社会不安をもたらす要因を、基礎社会の内部から解消するために実施されたのが、先に触れた「組織法」

であった。ちなみに、基礎社会とは、いくつかの集落（自然村の場合が多い）の集まりである村（行政村）レベルを指しており、そこに村民委員会が置かれているのだが、本書では、各集落レベルからそれらの集合である村社会までのように多重的意味で用いる（図3を参照）。つまり、組織法は、村民の民主選挙に基づく村民委員会をつうじて、下からの「自治」や「民主化」の要求と、上からの国家の統治的安定の要求が交差する場としての「村」を充実させることで、基礎社会の経済発展と政治安定を追求することを目的としていたのである（滝田　二〇〇九）。ところが、組織法の実施以降も農民の土地問題は解決されず、少数民族問題もまた、農民による衝突事件の多発や少数民族による自治拡大の要求や抗議行動の激化などと深刻化した。その結果、組織法が打ち出した「村民自治」が、必ずしも統治安定をもたらさないことが明らかになり、あげくは国家権力下の「自治」が、その名にふさわしい「村民による自治」なのか否かが問われるようになった。(3)

ここで冒頭で簡略に述べた本書の目的を改めてより詳細に述べておく。基礎社会の村民自治と国家による「村民自治」との関係性、機能について検討したうえで、それが村社会の秩序や安定にどのような寄与をしているのかを明らかにすることが本書の目的である。そのために、農村暴動事件、農村幹部による農民の迫害、少数民族による抗議行動が頻発している他の少数民族の農村地域と比べれば、相対的に安定しているように見える朝鮮族農村を対象にする。朝鮮族農村地域もまた他の地域と同じく激動の時代を迎えているにもかかわらず、そこでは「村民自治」が他の地域とは異なる形で現われている。そこで、その実態を明らかにしつつ、その異質性が何に由来しているのかを検討する。

そのために、次のような手順をとる。まずは、現代中国村落社会における自治に関する先行研究を主に自治論と組織論を中心にたどる。そのうえで、権力と自治の相克を乗り越えるための糸口を探り、課題を提起する。

2　現代中国村落社会研究における自治の問題

一　組織法における「村民自治」

満鉄調査部に勤務した経歴をもつ社会学者の清水盛光は、中国の村落自治の意味を次のように分けて論じている。村落自治は、その形式的意味としては、村民間で成立した連帯的行動の自主性であるのに対して、その発生的見地における内容的な意味は、「生成的自治」と「構成的自治」というように二つの側面から理解される。前者は、村民の共同自営の必要に基づき、彼らの自発性が中核にあるのに対し、後者は国家が政治目的を遂行するための要件として、連帯的行動に規制を設けたもの、つまり外部、あるいは国家的政策の側面が強いというわけである（清水　一九三九：二〇〇）。

さて、現組織法の「村民自治」の原型は、一九八〇年に広西チワン族自治区（河池宜州市屏南郷合寨村）で自発的に結成された集落レベルの農民組織にあり、それこそまさに「生成的自治」と呼ぶべきものであった。ところが組織法は、このような「生成的自治」に「構成的自治」を介入させることによって、それを国家権力に回収することを目的とした。

例えば、組織法の制定当初、村民委員会を集落（自然村、屯、村子）レベルに置くか、村（いくつかの集落の集まりの行政村単位）レベルに置くか（図3を参考）に関して議論が分かれた。しかし、中央政府が推進する民主化、統治の効率化、党支部の「住民組織」に対する対応の便宜を理由に、村レベルに村民委員会を設置することで、国家統治の機能の充実を図ることになった（滝田　二〇〇九：一九八）。そこでの「村民自治」はその範囲を、人びとの生活の基礎単位である自然発生的な集落から、国家の必要によって人為的に作り出された行政村へ移行させることで、集落における「生成的自治」を村の村民委員会による「構成的自治」として再構築し、国家統治機能を強化しようとしたのである。

しかし、村民委員会が自然集落ではなく行政村に置かれたために、「村民自治」は機能不全に陥り、集落から行政村に回収された「住民組織」の機能もまた必然的に同じ道をたどることになった（滝田　二〇〇九：二一〇）。その原因の一つは、村民委員が基礎社会の代表であると同時に、国家の末端組織の幹部でもあるという二重性にある[4]。つまり、村民委員会は基礎社会と行政の両方から制約を受けると同時に、両者ともに村民委員会に対して絶対的な管理権を行使することができないという矛盾を抱えていた。両者からの監督が村民委員会の内部にまでは充分に及ばないことによって、村民委員会は私益に基づき村を統制する集団を形成しやすくなり、自らの利益に基づいて選挙を操作しがちなのである（張　二〇〇六：三二一）。

以上のように、村民の「生成的自治」と、国家や地方行政による「構成的自治」との間には、対立だけでなく、後者による前者の発展の阻害という現象が見られるわけである。ただし、少なくとも真の意味での村民自治の萌芽とその可能性が、「生成的自治」の形で継承されていることに特に留意しておかねばならない。

一九四〇年代に中国華北の農村調査に従事した旗田巍の著書（一九七三）をもとにして、それらの農村のその後の変遷をたどると、そこでその「生成的自治」なるものの可能性を見出すことができる。『慣行調査』で一般村民を結集した共同防衛の理念の実践事例としてあげられた耕作地を見張る「看青」や「打更」[5]などは、集団化以降、その多くが村落の行政組織に吸収されて、行政組織の一部である「保衛」が担うようになった（祁　二〇〇六：三一五）。

ところが、改革開放以降の経済体制において改めてこの旧慣行を検証してみたところ、世帯による土地の請負制が実施された状況に対応して「看青」や「打更」などの旧慣行が復活しており、家族や同族さらに隣人や知人といった人びとからなる「共同性」への転換が促進されたことが見て取れるのである（内山　二〇〇九：三三）。つまり、外部権力の変化に柔軟に対応する村落の共同運営の可能性が示唆されているのである。

　以上の議論に共通するのは、「構成的自治」としての「村民自治」の機能不全と、「生成的自治」としての村民自治の可能性である。「生成的自治」としての村民自治は、集落レベルで生み出される柔軟な共同自営の行為、およびそのプロセスとして現実に存在していることが覗われるのである。本書は、国家統治の安定を目的にした行政村レベルの「村民自治」に対して、生活課題への取り組みを目的に、村社会に潜在的な村民の自発的な組織と共同運営を村民自治と位置づけ、そのあり方について論じる。

二　村民自治の結合関係

　村民自治の基礎となる集団構成の要因は、社会人類学者の中根千枝が定式化した「資格」[6]の原理と「場」の原理から見ることが可能である（中根　一九六七：二六）。「場による」[7]論理によって構成される日本の伝統村落社会は、イエ－イエ連合－ムラ－「地域社会」がアナロジカルな同型物として入れ子状に連なっており、各段階での「われわれ意識」というものが、基本的に「ウチ」と「ソト」の対比によって認識される。他方、「資格による」原理に関する中根の議論の延長線上で、田原史起は「資格」を媒介として形成される宗族の「村落」社会は、個人のその時々の利害を起点にした「差序格局《チャーシューガーチュー》」の人間関係に基づいており、ソトに対するウチという集団成員の「われわれ意識」の器となりうるような枠組みを備えた集団としては捉えることはできない、と述べている（田原　二〇〇一：五）。

「差序格局」とは費孝通によって一九四〇年代に提示された概念で、それによると人間関係の在り方は、水面に石を投げ込んだときにできる波紋が中心に近いほど厚く、遠ざかるほど薄れていくように、個人とその周りの人間との関係は、周辺に行くほど結束力が弱くなっていく（費　二〇〇七：二五）。

中国における以上のような「村落」社会の人的結合関係は、人民公社解体までの政治闘争期と、改革開放以降の経済発展期などの社会変化の転換期においてどのように変化したのだろうか。それについて、政治闘争が家族に及ぼす影響を考察した聶莉莉は、文化大革命などの政治闘争によって、伝統組織はもちろんのこと、社会関係の中核であると同時に、社会連帯の中心にあった親子関係までもが対立や抵抗関係に変わり、血縁関係をベースにしていた宗族社会の結合関係を弱体化させたと主張した（聶　一九九二：二二五―二四四）。さらには、改革開放以後の市場経済への転換と個人化傾向のなかでも、それらは政治闘争に代わる金銭重視となって現れ、経済的格差や不信感を原因として親族間の生業を巡る協力関係さえもが妨害され、大家族の消滅を招いたという（聶　一九九二：二九八）。

それに対して、信仰行為に注目した祁建民は、人民公社の時期でさえも、墓参り、拝年（春節のあいさつ）などの共同活動には宗族結合が現れており、例えインフォーマルな「組織」がフォーマルな「組織」に回収されたとしても、それで全てが消滅したわけではないという。農村における民間の社会結合関係、特に、宗族結合関係は、生活面におけるさまざまな相互的活動として一貫して存在していたと指摘するのである（祁　二〇〇六：三二三）。

ただし、以上の聶と祁の議論は、実はそれほど対立しているわけではない。聶が外部権力の影響を受けて変化した点を考察・分析したのに対して、祁は外部権力の影響があってもなお変化しなかった点に焦点をあてて宗族結合について述べたにすぎない。つまり、考察の対象と視点が異なるにすぎないと考えるべきだろう。というのは、聶自身も、社会主義制度のもとで国家および集団の利益の重視が強調されても、個人および家族の利益を重視する固有の私益観念は根強く存在すると認めているのである（聶　一九九二：二九九）。

もっとも親密と思われがちな家族関係でさえも、政治闘争の利害によっては分裂の可能性を見せたとする聶の検証と、信仰に出発する私益観念によって宗族社会が家族を越えて固く結ばれるという祁の実証は、実は費のいう利害関係を起点にした「差序格局」の人間関係によって解釈可能となる。

それは「ウチ」と「ソト」の対比によって認識される日本のイエやムラとは異なる様態を呈する。しかしそれと同時に、組織の結合関係を親族関係によって理解することの限界を示しもする。したがって、個別的結合の「総和」である宗族の「村落」社会の結合関係の理解のためには、利害関係ばかりか信仰行為などにも現れる私益観念に注目しなければならないのである。

三　自律的な創意工夫

私益観念と直接的に関連する村落自治については、その対象をより厳密にすべきとする議論もある。例えば南裕子は、鎮（郷）を公共世界＝政策的公準が決定される場とし、村民委員会を「言説としての公共性」を形成し主張する地域共同性の範囲とする。そのうえで、村民委員会の地域範囲において構成された住民組織が、鎮（郷）行政に対して地域問題の解決を求める活動を自治としている（南　二〇〇九：二一九）。こうした議論の背景には、田原による中国「村落」社会を個別的結合の「総和」とする構造論と基礎エリート論[8]が、さらには、それらを引き継いだ地域問題に関する取り組みがあった。それによると、中国農村は個人、地域それぞれが自らの課題を保有し、個人的なつながりのなかで問題を解決するという構造となっており、地域の課題も地域の実力者たる幹部が、村民との個別的なつながりをつうじて認識してはじめて課題として浮上し、さらには実力者が個人的なつながりを利用したり、交換可能な資源を提供したりすることによって外部権力に影響を与えるというのである（南　二〇〇九：一二三八・一二五〇）。このような南の観点には難点がないわけではない。集落と村民委員会の関連性を議論しないままに、村民委員会は地域範囲を構成する住民組織であるとするのだが、それについては議論の余地が大きいのである。しかし、村民委員会の地域範囲に重なる行政村の自治が、有力者たる村民委員と村民との個人レベルの関係においてこそ見出されるという、共同課題を解決するにあたっての村の非組織的な状況を指摘した点は参考になる。

一方、先にも触れたように、信仰や私益観念を基盤とする社会結合の存在を主張した祁は、一九四九年以降に宗族活動が制限されるなかでも、宗族「組織」は新しい形で存在し続けたという。村内政治は宗族活動と交差しつつ展開し、人民公社体制下においても、村幹部集団は単なる国家行政の末端に留まらず、村民代表でもあるからこそ、村民の意向を無視することができないどころか、むしろ村民の意向に敏感で、その信頼をかちうることを重視していた（祁　二〇〇六：二九二―二九九）。そのために、村民は民俗信仰行事を行う際には、立場上は村の信仰結合を表立って明確に支持することができない村幹部からも、実質的な支持を引き出すなど、村幹部の承認と支持を取り付けることによって行政的権威を利用したというのである（祁　二〇〇六：三一四）。

祁の議論は村の伝統的な宗族「組織」の存在とその意味を強調する点で、村が非組織的な状況にあるとする南の議論とは大きな違いがある。しかし、生活の根底にある個人的ネットワークの利用による村の課題への取り組みや、行政的権威を利用した信仰行事の執り行いなどの行為においては共通しており、両者とも「社会関係資源」(9)を巧みに使いこなす村民の「創意工夫」(10)を示唆しているのである。

ちなみに、黒田由彦は中国都市の居民自治を論じる際に、九〇年代後半の街道と居民委員会(11)の幹部たちを都市自治の主体として取り上げた。黒田は、都市住民に対する市場サービスも公的制度も未整備のなかで、居民委員会と住民が自らの生活を防衛するために行う集団的努力こそが都市の居民（住民）自治であると総括した。そして、その考察の要点としては次の二点を挙げている。まずは、生活と密接に関連する組織や活動において、住民の自発的な創意工夫や自由選択の可能な領域が生まれていることを論理的にどう把握するか、である。次いでは、居民委員会と住民がどのような関係にあるかを問わなければならない、と指摘している（黒田　二〇〇九：二七・四八）。そうした示唆に富む指摘を村民自治に関する実証研究に援用すると次のようになる。村民自治とは、村民委員と村民が自らの生活防衛のために行う集団努力である。そしてその考察は、生活実践における村民の自発的な創意工夫とそれによる実践行為を論理的に把握することと、村民と村民委員の関係を明確にすることを要件とする。その創意工夫による実践行為こそが、村民自治の先行研究で示唆されている創意工夫による「社会関係資源」の利用の考察・分析で論理的把握が可能となる。ここでいう「社会関係資源」とは、村の生活改善を目的にした行為者が、社会的な紐帯（村民と村民との「横」関係と村と国家との「縦」関係）をつうじて、アクセス・動員することが可能な、すでに社会構造に埋め込まれている資源を指す。

このような先行研究を踏まえれば、村民自治研究にあたっては以下のような考察が必須となる。第一に、集落レベルの営みのなかで「生成的自治」を捉え、国家の「村民自治」が施行されている行政村レベルでの村民自治の機能を明確にすることである（第三章）。第二に、村の生活課題や信仰観念に注目し、村が自らの生活防衛・改善をめぐり、「社会関係資源」を動員・利用する創意工夫の実践を実証的に検証・議論することである（第四、五、六章）。最後に、創意工夫による「社会関係資源」の利用が、国家の統治目的といかなる関係を結んでいるかを明らかにすることである（第六章で議論）。つまり、村民自治の解明とは、集落レベルの村民自治の村レベルにおける形態を検証することであり、生活防衛・改善のための生活実践がどのような「社会関係資源」を、どのように利用しているのかのプロセスを解明することであり、そうした創意工夫を実践する村と国家権力との関係を明らかにすることである。

四　中国朝鮮族研究における村民の自治

朝鮮族社会に関連する研究には、次のような諸潮流がある。まず、エスニック集団としての自治形態を論じる流れである。中国朝鮮族は、中国政府の政策と意図に沿いつつも、それと同時に、公認の少数民族としての特権を確保することをつうじて、独自の共同体として生き残ることが可能になっている（オリビエ　二〇〇七：一八六）。そしてさらにはこのような「朝鮮族であること」を基盤に、周縁化された歴史的記憶とその構造的な制約をむしろ「生きるための工夫」によって肯定的に転化し、再創造していくことで、多元的なネットワークを構築していく。要するに、エスニック・マイノリティによる文化的な創造であると主張する（権　二〇一一：三二〇）。

次に、朝鮮族社会の移動先における組織形成に焦点をあてる潮流がある。朝鮮族というエスニック集団は、企業家たちのリーダーシップのもとで組織化され（佐々木　二〇〇七：一三）、その中核としてのエスニック・アイデンティティは、単に国籍や政府の政策といったマクロ構造によって制限、あるいは形成されるのではなく、日常生活における絶えざる境界の流動によって再形成される（金　二〇〇七：五一）。そのために、「中国朝鮮族」という自己認識と自己主張、それを中核とした相互扶助関係に加えて、漢族文化の積極的な利用など、民族の結合と創造性に焦点をあてた研究が多く、グローバルな移動によって形成されるコリアンタウンといったような、動的な関係性を考察・分析の対象にしている。このような先行研究は、「社会関係資源」の活用に着目する本論に対して、示唆的な視座を提示している。

以上のようなグローバルな移動に注目しその肯定的側面を浮き上がらせる研究が圧倒的に多いなかで、その反対に、伝統社会は崩壊（クオン　二〇〇七）しつつあるという否定的な響きをもたらす認識もある。しかし、移動先のコミュニティを形成する人びともまた、本来は伝統社会の成員であり、その伝統社会との関係性を今なお維持している。そうした事情を考慮すると、新しいコミュニティの共同性や「社会関係資源」の利用もまた、伝統社会といわれるものの現在に至るまでの歴史的な住民（村民）自治の変遷を改めて検証するなかで理解される必要がある。

さて、その伝統社会については、主に歴史学と民俗学が中心となって研究が進んできており、その内容から村民の自治の歴史的様相を窺い知ることができる。例えば、一九世紀末から中国東北地域への移住を始めた朝鮮人は、主に水田を開拓して集落を形成し、自発的に学校建設を行い、宗教団体を形成するなどして朝鮮人社会を拡張した（北京大学朝鮮族研究所　二〇〇六：三二）。一九一〇年代初期までの行政管理の未整備な状況にあっては、各集落で自発的に結成された「喪興契」（集落の葬儀などを専門的に行う民間組織）が、冠婚葬祭はもちろん、道徳と秩序を維持する役割を担い、村の秩序を乱す者に対しては、「香徒法規」（体罰も含める）にしたがって罰していた（北京大学朝鮮族研究所　二〇〇〇：三四四）。一九四五年秋になると、東北部の朝鮮人村は、共産党の統治下で私的所有地を獲得した。しかし、日中戦争後の国民党と共産党との内戦に多くの朝鮮人男性が動員されたために、朝鮮族村の大半では私的所有地がありながらも人手不足によって農業生産の不振、さらには生活の困窮が懸念される事態となった。このような状況下で、中国農村における合作社の原型となる互助組[12]が生まれ、それこそは、現政権の「構成的自治」に回収される前の「生成的自治」といえるものであった。夫が兵士となって旅立ち、残された女性たちは、秋の収穫を目前にして人手不足に対処するために、自発的に一〇戸余りの農家を一つの組とする互助組織を作ったのである（金二〇〇四：第八八回）。

以上のような朝鮮族村の自発的な組織性および共同性は、国家による「村民自治」といかなる形でかかわり、どのような機能をはたしてきたのだろうか。これまでの「村民自治」に関する研究は、主に漢族社会に見られる個人的結合の「総和」である宗族社会を主なフィールドとしてきた。江口伸吾によると、国家による組織法の施行は、選挙権をもつ全ての住民が、候補者の推薦が可能な予備選挙段階を加えた「海選選挙」[13]によって、村民委員会の組織自体も住民の承認を必要とする度合が高まった。しかも、さらに重要なことは、上級の政府機関である市・県・鎮（郷）の関係部門が「海選選挙」にあまり介入しないことによって自治の可能性が高まった（江口　二〇〇六：一二九―一三一）。しかし、このような改革開放期の中国における組織法の推進は、村民による民主選挙の度合いが高まり、「村民自治」（「構成的自治」）としてのそれが成功すればするほど、その導き手としての国家の統治効果が高まる仕組みになっている（田原　二〇〇一：一六）と主張した。このように個人的結合の「総和」である宗族社会では、「自治」のあり方があくまで国家主導だとして否定的に論じられてきた。

本研究は、上記のような国家の統制下に置かれ、村民による自治の存在そのものが否定的に論じられてきた宗族社会と、自発性や組織性および共同性を備えた朝鮮族社会とを対照しながら、村民の自治について検討する。そのために、都市でなく農村であり、さらに少数民族という要素を兼ね備える朝鮮族村を主な研究対象として、選挙によって国民の総意が調整される民主制国家体制とは異なり、事実上は一党支配を貫いている中央集権的な中国における「村民自治」を問うことがともなうであろうさまざまな側面とその意味にも留意しながら、朝鮮族村の自治の実体に迫ろうとする。

3 研究視角

一 研究対象

一九四八年の中国東北地域における共産党の政権獲得以降、多様な民族が中国国民として平等な権利を保有するという原則の下で、東北地域に定着していた朝鮮人は中国少数民族の一つとして認定され、中国朝鮮族となった。その後一九五三年までに行われた国家による少数民族の識別では、共通の言語、地域、経済生活、固有の風俗慣習などが少数民族の側から見て明白であり、侵してはならない神聖な性質を有していることが重要視された（費　二〇〇六：三一六）。その結果、一定地域に朝鮮人が集住する民族地域として朝鮮族自治区が認定され、自治区行政機関をつうじて地域内の自治が認められた。ただし、自治形態としては、民族自治権のみが付与され、共和国からの分離権は否定されている（加々美　二〇〇八：九六）。「各民族自治区の区域自治実行要綱」[14]では、自治区は中国領土の不可分の一部であり、自治機関は中央政府の統一指導下の地方政権であることが強調された。次いで一九五四年には人口数が少ないことを理由に自治区から朝鮮族自治州へと変更された。[15]さらにはその後、人民公社期までは言論の自由が抑圧されるなかで、「民族自治」に関する言論自体が有名無実のものとなった。しかし、一九七八年の改革開放による市場経済の開始から、民族自治問題がふたたび注目されるようになってきた。

チベット、ウイグル、内モンゴルなどの少数民族集住地域で相次ぎデモや暴動が起き、民族的軋轢が深刻化している。他方、本書が研究対象とする朝鮮族自治州および朝鮮族村は、その他の少数民族社会と比べれば相対的に安定した社会秩序を維持している。とはいえ、民族自治地域の実情に合わない中央の決定、決議や指示に対しての異議申し立て、変更や執行停止などについては、民族区域自治法で規定されているはずの権利が十分に享受できていない状況にある（鶴嶋　二〇〇〇）。村で施行される組織法、土地政策、戸籍制度なども、実質的には省レベルで実施されており、その下部に位置する自治州レベルで独自の政策を実施することはできない状況にある。本研究は、このような朝鮮族自治州のなかで、民族自治をめぐって激しく抵抗することもなく、中央民政部が認定する「全国村民自治のモデル」でもないことを条件とし、村民の自治が特殊な政治力学や民族的な力学に影響されることのない山鵬村（以下、地名は全て仮名）を対象とした。

このような朝鮮族自治州の朝鮮族農村は例外なく、国際情勢や政治路線の変化（表1参照）にともなう混沌とした歴史を経て現在に至っている。調査対象である山鵬村もその例にもれず、困難な歴史を歩んできた。一九三〇年代、村の西北の集落は、関東軍の軍事施設と接し、日本軍に協力する立場をとっていたのに対して、村の東北の集落は、抗日根拠地であり、共産党に協力していた。その結果、両集落間で激しい対立が生じ、虐殺事件までも発生した。一九四〇年代には、ソ連赤軍の進攻と日本軍の撤退を間近で目撃し、現政権による土地改革を全国に先駆けて経験した。一九六〇年代の文革下では辺境の農村でありながら中高学生が毛沢東の接見を受けるなどの栄誉を得た[16]。以上のように、歴史的に外部権力の影響が強く、つねに政治が大きな作用を及ぼしてきた。

山鵬村（地図を参照）は、中国朝鮮族自治州の州府が置かれている延吉市から約二〇㎞に位置する都市近郊の農村である。村は五つの集落で構成され、地域の総面積は二〇・五二㎢、耕作面積は二・七八㎢である。村の中央を東西に海蘭江が横断し、その北は河北、南は河南と呼ばれる。河北の西側の集落は、一九〇四年ごろに朝鮮半島から国境の川を渡り、砂地と山麓を開墾して住み着いた人びとによって形成された。同じ時期に、東北側の山の谷間には鶏林という集落があり、多いときには一〇〇戸くらいの世帯が暮らしていた。他方、河南の土地のほとんどは二人の地主によって独占されていた。しかし、一九四七年の中国共産党の政権獲得によって、それらの地主は「打倒」され、没収した土地に鶏林集落の人びとを集団移住させた。現在の山鵬村の総人口は一五〇〇人、そのうちの朝鮮族の多くは二〇世紀初頭に、主に飢餓から逃れるために、朝鮮半島から中国東北部に移住した朝鮮人の子孫である。

山鵬村の人口の内訳は、河南の延東集落一六〇人、双河集落二五〇人、小河龍集落二五〇人、河北の上集落三五〇人、新龍集落四九〇人である。朝鮮族が七二%、残りが漢族で、女性人口は全体の五一%、労働年齢人口は四七%を占めている。[17] 村の漢族は、主に一九六一年に政府によって移住させられた人びととその子孫である。この移住の当初は、水田農業普及政策という名目で、朝鮮族の水田農業を学ぶために山東省から移住してきたといわれていたが、実は山東省の峡山ダムの建設にともなって村全体がダムの下に沈むことになり、昌邑県柒里蘭村から一三戸五〇名が強制移住させられたという証言を筆者は当事者たちから直接に得た。

この地域は、一九八〇年代までは、米、トウモロコシ、大豆、葉タバコなどを主な生産物としていた。一九八四年に各世帯による土地の請負が始まり、生産意欲も高まった。しかし、その後の都市と農村の経済格差の拡大や中韓国交正常化を契機に、一九九〇年代以降になると農業離れが始まり、朝鮮族労働力人口の半分以上が出稼ぎのために村を離れるようになった。その結果、各集落の老人会が村の運営に大きな力を発揮するようになった。二〇一〇年の農村人口一人あたりの平均年収は、自治州全体で五七〇〇元、延吉市で七一〇〇元、鎮(山鵬村などいくつかの村を統括する)が九九〇〇元であるのに対して、山鵬村は八三〇〇元である。

山鵬村の村民委員会は、村長、党書記、婦女主任、保安主任、会計の五名で構成され、各集落にもそれぞれ隊長と呼ばれるリーダーを中心にして会計や婦女主任、保安主任などで構成された集落組織があり、村民委員会に協力する存在と認識されている。

二　研究視角と調査方法

次いでは、先行研究における多様な研究視角の大筋を辿りながら、それと関係づけて本書の研究視角を提示する。

一九八八年の組織法の施行は、国家や制度に関する社会学研究に大きな影響を与えた。一九八〇年代までの中国における社会学は、イデオロギー分析と国家政治制度のマクロな構造分析が主流であったが、組織法の施行以降の一九九〇年代からは農村の基礎政治組織を対象とした制度的・理論的問題の分析が多くなってきた。それは、農村の基礎幹部(18)である村民委員が、制度的な末端組織の幹部であると同時に、非制度的な集落住民の選挙から選出されるという重層的な存在であるために、その境界的な位置の重要性が認識されたからである。

例えば張文明は、組織法施行以前からの自治関連の先行研究をまとめ、その研究視角を政策論的、構造論的、制度論的の三側面で分類した（張　二〇〇六）。政策論的アプローチは、国家の政策作成・遂行に対する提言を目的とし、村民の反応や法律の実施効果などには関心が及ばない。構造論的アプローチは、「内部構造分析」（村落権力の生成と「外部構造分析」（村落権力と国家権力との関係）という両面からの実証的研究を行うが、「内部」と「外部」という二つの領域を個別に扱い、権力構造の変容と村民自治との関連が検討されない結果をもたらした。制度論的アプローチは、「村民自治」が中国の社会制度全般に及ぼす影響のみに関心を示している（張　二〇〇六：六一一九）。以上のように分類したうえで、張は視角と理論が多様化しているにもかかわらず、そのほとんどが「生成要因」、「制度の合理性および将来性」などに集中しているとし、新たに機能的アプローチを導入する。機能的アプローチは、基礎社会の権力構造を再編しようとする「新制度」が村で実施される際、村民自治がどのような影響を受けるかという問題を提示することによって、社会変動との関係で絶えず変化を強いられる農村の基礎政治組織の実態を考察し、より包括的な農村地域の統治構造そのものの研究に対する理論的方向性を与えることができると主張する。

このように機能論的アプローチにより外部権力が村社会に及ぼす問題に焦点を当てる必要性を指摘する張に対して、祁は国家権力が村に及ぼす機能問題を、国家側（権力側）からだけではなく、村側（村民側）からも考える必要があると指摘した（祁　二〇〇六：二二）。このような実証研究は、村（村民）と国家の関係を動態的に捉えることによって、基礎社会の現実的諸問題と向き合い、事例研究を蓄積していくことを大きな特質とした。

ところが江口は、このような事例研究に対して、個々の特殊な事例研究に閉じこもりがちで、包括的で普遍性をもつはずの政治社会学的考察の可能性を狭めてしまう傾向が否めないと批判した（江口　二〇〇六：二一七）。そして、そうした欠点を克服するうえで有効な方法論として、「国家コーポラティズム」と「社会コーポラティズム」の二つの類型化による分析を導入した（江口　二〇〇五：二〇）。前者の場合は国家が利益集団に浸透していき、後者の場合は逆に利益集団が国家へ浸透していくとした。

江口はこの枠組を用いて次のように基礎組織の分析を行っている。鎮（郷）行政は、村民委員会委員の直接選挙を通して農民の同意を確保することによって、統治の正当性を担保している。このような形で国家は、村民委員会を通して諸農村社会の利害関係・意見を反映させると同時に、中央政府の一元的統治を超えないという制限付きの多元主義を確保する「ローカルな国家コーポラティズム」による統治を行う。要するに、農民の同意を得て構成された村民委員会を通した農村社会の利益関係・意見の反映が、利益集団が国家へ浸透する「社会コーポラティズム」の内包であると理解される。

江口の方法論はなるほど、確かに政権側と基礎社会の相互作用に分析の焦点を当てようとする際に、包括性と普遍性を保証する重要な視点を提供している。しかし、「ローカルな国家コーポラティズム」と「社会コーポラティズム」という定式化は、統治を至上目的とする国家による組織法を軸に、その国家と基礎社会の関係性を分析する際には有効だが、生活防衛と利益確保を目的とする基礎社会を包括的に取り上げるには、不充分である。なぜなら、生活防衛と改善を第一目的にさまざまな実践活動を行う基礎社会で、国家の政策は農民の生活環境を取り巻く自然環境や社会環境などの一側面にすぎないからである。つまり、「ローカルな国家コーポラティズム」に浸透していく「社会コーポラティズム」に依拠する議論は、村社会において発生する自治の複雑なプロセスの検証に耐えられない。そのことは例えば、2・一と2・二節において述べてきた組織法による選挙の機能不全という張の論点や、国家による構造変動が必ずしも基礎社会のそれと連動するものではないという祁の論点でも、すでに示唆されている。この点については、本論文の第二章において詳細に検討する。

そこで、事例研究における村および村民側の複雑な状況に対応した自治の検証を、個別の事例研究に限定せず、可能な限り理論化・一般化を試みたのが、2・三節で述べた「社会関係資源」の利用という分析枠組である。この視座は、一方では宗族社会に根強く残っている伝統的な宗族「組織」に依存する結合関係と、他方では生活の根底にある個人的ネットワークを村の課題解決に利用する実践という二つの異なる様相とを、連動させて扱うことを可能にする。組織的状況と非組織的状況のいずれをも分析しうる方法が「社会関係資源」なのである。このような「社会関係資源」の利用への着目は、構造的に弱者の位置に置かれた農山村の小さな共同体や構成員が、生活世界を保全していくために行う創意工夫を、「当該社会に居住する人びとの生活の立場に立つ」ことで解明する（松田・古川　二〇〇三：二一二―二一五）視座とも通じる。

次いでは、本研究の調査方法に関しては、後の各章でそれぞれ詳細な内容紹介を行うが、それに先立って、大筋の紹介をしておきたい。まず、本研究の調査対象なのだが、山鵬村は筆者が幼少期から度々訪れていた村ということもあって、調査以前から景観上の変化などはある程度把握していた。例えば、村の南から北に移動する際に渡る海蘭江には、昔は橋がかかっておらず舟を利用していた、といったことである。そうした事前情報は、実際の調査において、重要な意味をもった。現地調査は、二〇〇三年から二〇一一年まで、年に二回、一回平均三週間、村に滞在して調査を実施した。しかも、村に滞在していない期間中にも、電話などで定期的に連絡を取り合いインタビューも行ってきた。村民とは親の世代からの長い付き合いがあったので、筆者は村民ではないが完全な「よそ者」とは見なされていないことが、人脈作りや信頼関係の構築に大いに役立った。例えば、村の旅館だけでなく、村民委員宅や村のインフォーマントの自宅などにも宿泊が可能であり、村民委員会事務室への出入りや老人会、集会などでは撮影、手伝いなどの形で参加できた。そのおかげで村民の日常生活や活動を身近で見て、感じて、日常会話を聞くというような参与観察が可能だった。そして当事者である村民の視点に立つこともある程度はできたはずである。村関連の基礎資料文献データの不足といった問題に関しては、筆者自身が一軒一軒訪ね歩いて、家族構成、各家庭における出稼ぎ人口、土地利用状況などのデータを収集した。調査時の使用言語は、朝鮮語と中国語の併用であったが、農村ならではの方言、特に朝鮮語と中国語交じりの造語などに関しては、村民らの協力を受けながら、時間をかけて学び理解するべく努めた。

4　本書の構成

本書は、序章と終章も含めて全九章で構成されている。序章は自治論、組織論などに関する数々の既存研究のなかにおける本書の位置づけ、そしてそれを受けての課題設定、さらには研究対象と分析視角、調査方法および構成について述べている。

第一章と第二章では、中国朝鮮族総体における村落形成とその変化の歴史、次いでは、調査対象村に絞っての歴史を論述している。第一章では、朝鮮人の中国東北地域への移住・定着から現在に至る歴史的過程を通時的に把握し、朝鮮人コミュニティの形成と変容、およびその延長線上での中国朝鮮族への転換について考察する。これまで歴史や民俗研究などにおいて論じられてきた清国と民国、および満州国による抑圧や、反日闘争における共産党政権樹立への寄与といった朝鮮族の特殊性を、農村の土地政策の変遷のなかに位置づけ、人びとの生活実践と連動する地域性、社会性、共同性の生成や変化という観点から、生成的な歴史過程を描くことを目指す。

第二章では、第一章で述べた中国朝鮮族社会の生成的歴史を背景に、調査対象地である山鵬村における歴史の転換点に注目して、それに関する村民自身による認識を把握することをつうじて、村民の主体的な村運営を捉える。従来の現代中国農村研究は、国家権力と村社会の関係を支配・被支配の関係とし、農村および村をもっぱら受動的な存在と見なしてきた。このような研究はそれなりの成果をあげてきたが、その反面で、政策や自然条件などの制約下にあっても、逆にそれらを生活防衛と改善のために活用しうる資源として取り込み、それを駆使して自らの要求の達成を試みてきた村民の主体性の検討は看過されがちであった。そこで本章では、村民の主体的な村運営の実態を歴史的に把握する。それに加えて、研究の分析視座（序章の3・二の部分）については、「国家統治を至上命題とする政策に対する村の見解」と、「村の日常生活における政策に対する見解」との差異を提示し、本論の研究視角の有効性を検討する。

第三章では、本書の第一の課題に応えるために、山鵬村の集落における「生成的自治」と権力構造の行政村におけるあり方を明らかにする。そのために、村における「組織法」に基づく選挙を通して、村民自治とその変容を捉える。従来の村民自治研究が「村民自治」の機能不全という観点で論じてきたのに対して、本章では集落と村の関係から、第一に、村の村民委員の選挙形式やその内実を明確化し、第二に、選挙基準を集落形成時からの伝統組織のリーダー選出方法をもとに検討し、第三に、集落レベルの村民自治と行政村レベルにおける村民自治との関係を浮き彫りにすることを試みる。

第四章と第五章は、本書の第二の課題に対応する論述である。村の生活課題をめぐる集団活動に注目し、村民による生活防衛と改善のための創意工夫とその実践を検証する。第四章では、村社会の最大の関心事である観光開発を事例に、村主導の開発のプロセスを解明する。観光開発にまつわる先行研究の多くは、権力者が受益層であるのに対して、農民は社会の底辺で犠牲になっている存在と見なすなど、もっぱら社会的不平等を問題にしてきた。それに対して本章では、村民、そして村がいかに既存の政策や社会関係を資源として利用しているのかという観点から、観光開発を村民が自らの生活を組み立てる行為のなかに位置づけて、その実態を解明する。

第五章では、村のもう一つの関心事である出稼ぎ問題を取り上げ、村社会と移動人口を繋ぐもっとも重要な法的根拠である土地利用制度を中心に、「留守」（家族関係における留守と区分する）の仕組みを明らかにする。これまでの中国農民の移動研究では、地方から都市へ移動する農民工を対象にして、都市労働力市場における不平等の原因を、都市と農村を分割する戸籍制度に見出し、批判することが中心的であった。しかし、そうした戸籍制度に対する批判は、移動先における戸籍制度の不平等のみに注目し、ホームランドにおける農民工の土地利用が戸籍制度によって保障されていることには注意が払われていない。本章はこうした研究実態を踏まえて、「留守」を、家族関係を超えた村社会レベルにおける現象として取り上げる。移動先とホームランドの二つのフィールドをまたいで生成される移動者と残留村民の共同的な諸実践に着目し、土地利用と戸籍制度を中心に「留守」について再検討する。従来の村落研究は、集落内部の調査に留まり、内部現象のみを取り上げてきた。それに対して本章の試みは、改革開放とそれに続くグローバル化の過程で移動する人びとと村落との空間を越えた共同関係を明らかにする。その結果として、村民自治もまた、村落内部に閉じこもった営みによってではなく、外部との関係性のなかで生成されていることが明らかになるであろう。

第六章は、第三の課題に答える部分である。四章と五章を踏まえ、創意工夫における村民と村民委員の関係と、その創意工夫が成立する条件を明らかにすることによって、村と国家権力との関係を明確にする。そのために、土地利用問題解決策の一環として打ち出された埋葬改革をめぐる行政と村との間に生じた齟齬・軋轢に対して、村が行った実践とその実践のプロセスを考察・分析する。従来の中国農村研究では、漢民族社会の村落構造や組織法の機能の検討を中心的課題とし、そこに村民自治の可能性を見出そうとする傾向が強い反面、少数民族の村落構造やその固有性の検討は不充分であり、多民族国家である中国の農村研究としては均衡を欠くきらいが否めなかった。そこで本章では、埋葬に関する土地利用や信仰観念を取り上げ、それらをめぐって繰り広げられてきた具体的な実践に着目することで、創意工夫を可能にする村民と村民委員の関係を通して、村と国家との関係を明らかにする。

第七章では、六章までで明らかにした村民の創意工夫による自治に関して、今後の研究課題を提示するための事例を取り上げる。具体的には、文化大革命による傷跡の処理にかかわる問題である。外部権力への創意工夫の領域が制限され、さらに、加害者と被害者を抱えている状況において、村が村の安寧を守るために行っている対内的な対応と工夫を記述する。文革に関しては、主に都市における造反派と保守派との対立、少数民族の排除といった観点からの研究がわずかに存在するだけである。そこで本章では、村における文革経験を取り上げ、紛争後の処理がどのように行われ、どのように村の秩序が維持されてきたのかを捉えることで、村社会の包摂と排除の仕組みを明らかにする。

終章では、総合的な考察を行う。序章で提示した仮説が第六章までの本書の議論においてどのように実証されているのか、また、村民自治がいかに創意工夫として立ち現れ、「社会関係資源」の利用につながっていくのかを検討する。そして、最後に今後の課題を提示する。

注

（1）本書では、組織法など国家権力によって推進される「村民自治」については括弧付きで表記し、村落社会の村民の自主的意思による村民自治は括弧なしで表記する。

（2）「中華民族多元一体構造」論とは、中華民族は五六個の民族が結合した相互依存する重層民族で、分割できない総体であり、「多元的な複合体」としての「一体」は、相互に対立する内部矛盾を抱えながらも、長期における変化を経て、絶えず変化する内外の条件に適応し、共同体の生存と発展を獲得することができるとされる（費　二〇〇三：一三）。

（3）大多数の少数民族が西部農村地域に位置していることから見て、少数民族問題は農村問題と入れ子状になっている。

（4）基礎社会とは、ピラミッド型の権力構造の最末端に位置する社会で、主に農村社会を指す。

（5）『中国農村慣行調査』の「打更」と「看青」とは次のような意味である。村民が共同して、主に収穫期に畑などの耕作地を見張ることを「看青」といい、居住地を中心として、収穫が終わってから収穫物の盗難を防止するための見張りを「打更」という（内山　二〇〇九：一八）。

（6）資格とは、社会的個人としての属性をあらわすもので、氏・素性など生まれながら個人に備わっている属性もあれば、学歴・地位・職業のような出生後に個人が獲得した属性もある。そして、「資格による」というのは、一定の個人を他から区別しうる属性による基準のいずれかを使うことによって、集団が構成されている場合である。

（7）「場による」というのは、一定の地域とか、所属機関などのように資格の相違を問わず、一定の枠によって、一定の個人が集団を構成している場合をいう。

（8）国家は、原子化した村民を結び付けて凝集性のある地方単位を再編し、住民のさまざまな日常的欲求を満たすために、基礎エリートの編成とそのエリートらによる基礎政治の形成を繰り返して試みている（田原　二〇〇四：二六九）。

（9）諸個人間や集団と行政との相互作用によって構築された社会関係を基盤として、そのネットワークの力や権力などを生活の防衛や改善のために流用・利用できるものと見なすこと、それをひとまず「社会関係資源」と定義する。この用語については、終章で詳しく議論する。

（10）一般的に、創意工夫とは主体的に新しい方法や手段を見つけ出すことである。本書での創意工夫もまた、その意味を大きく逸脱することはないが、圧倒的な権力下で生きる人びとが、日常的に行うささやかであるが、生活の改善のために不可欠な方法を考え出し、実践に移すことを意味している。この用語については、終章で詳しく議論を展開する。

（11）「街道」は、鎮レベルに置かれた基礎社会である。居民委員会は、街道を管理する都市の末端行政組織であり、同時に、「街道」の住民を代表する住民組織である。

（12）計画経済における初期段階である「初期合作社」の原型であり、村民の自主的意思によって組織された交互扶助の単位である。

（13）「海選選挙」とは、「大海の中から真珠をとる」と比喩されるように、選挙権を有する全ての住民が、それぞれ信任する住民を村民委員会委員として選出することができる選挙を指す（江口　二〇〇六：一一八）。

（14）一定地域に集住する民族集団に対して、集住地レベルで地方政府を組織する権限が与えられ、その機関をつうじて地域内の統治を実行することである。

（15）ここでいう分離権とは、漢民族と比べての平等、そして自治権は認めるものの、「中国を離脱する」ような分離の権利は認めず、ひいては自決権を否定することを意味する。

（16）一九六六年六月から十一月までに、天安門広場で行われた毛沢東による八回にわたる謁見であり、文化大革命を全国的規模に広げることを目的に催された紅衛兵の大集会であった。

（17）一五歳から六四歳までの人口を指す。

（18）基礎幹部とは、権力構造の最末端組織あるいは基礎社会の行政組織の幹部を指す。例えば、村民委員がそれに該当する。

第一章　国家と民族のはざまの歴史

1　朝鮮族農村社会の形成と変容

およそいかなる歴史であれ複雑で、その認識は立場によって変わるものだが、中国朝鮮族の歴史にはとりわけ、そうである。例えば、朝鮮民族の近代国家形成史を研究してきた滝沢秀樹（二〇〇八）は、中国朝鮮族の歴史に関する認識と叙述に関する問題点の一つとして、朝鮮人義勇軍[19]をあげて、大韓民国、北朝鮮、そして中国の各国それぞれにおける、位置づけ、意味づけの差異について論じている。大韓民国は、大韓民国臨時政府を継承するものとしての自らの法的正統性を主張しており、当然の如く、中国国民党政府と連携していた臨時政府を離れて、中国共産党の傘下に入った朝鮮人義勇軍は「背信者」である。他方、北朝鮮は金日成を「抗日戦争を勝利に導いた唯一の偉大な指導者」とする国家体制であり、金日成以外の指導者の業績を高く評価することはなく、当然、朝鮮人義勇軍も評価の対象になり得ない。さらに中国はといえば、国共内戦期に朝鮮人義勇軍が「祖国」建設に貢献するために北朝鮮へ進出しようとするのに反対して、その部隊を南方戦争に向けるべく、中国人民解放軍へ合体させる一方で、北朝鮮に移った幹部の多くをその後、権力中核から排除しており、北朝鮮の指導者への「配慮」から義勇軍を評価することは難しい。このような現存国家それぞれのさまざまな立場や「配慮」が重なり、朝鮮人義勇軍はその研究者以外には存在すら忘却されている（滝沢　二〇〇八：一〇六）。

以上のような位置づけの難しさは単に朝鮮人義勇軍に留まらず、朝鮮族全体に関してもあてはまる。しかしそれでも、上のような微妙な問題を除けば、ある程度の通史のようなものがないわけではない。

中国への朝鮮人移住は、一九世紀後半から二〇世紀前半にかけてのことで、経済的困窮という経済的側面と、日本の植民地支配から逃れようとする政治的要因の二つの側面をもっていた（テハン・チャン　二〇〇七：三三九）。しかし、中国東北への移住後も日本の植民地下における抑圧から抜け出すことができず、民族独立が模索されるなかで、中国共産党と合流し、反日抗争を繰り広げることになる。一九四〇年代半ばには、中国共産党の政権獲得にともなって、土地所有権を認められるようになる。だからこそ、朝鮮族の歴史記述は、中国公民として生きる朝鮮族の国家に対する「配慮」が欠かせない。したがって、中朝人民が共同して抗日統一前線を結成して武装闘争を行った側面と、他方で、多民族人民が共同して中華民族の解放のために戦った側面が強調されることが多い（高　二〇〇三：一一二）。

本章では、上記のような日本の支配と抗日武装闘争を特徴とする東北朝鮮族の歴史的記述を前提としながら、特に土地をめぐる政治政策の変化とそれに対する生活実践を通しての朝鮮族農村社会の形成と変容に焦点をあてる。

2　政治概念としての中国朝鮮族

朝鮮人の朝鮮半島から中国東北地域への移住の初期段階は、概ね一九世紀半ばから二〇世紀の半ばにかけてのことである。

初期段階は、二つの時期に大別できる。第一期は一九世紀後期から一九一〇年ごろまでで、移住は飢餓から逃れることが目的であった。当時、朝鮮国内の多くの人びとは、度重なる自然災害による困難に直面したことに加えて、儒教思想をもとに支配体制を維持する李朝に不満を感じていた。そこで農地を得て自活できるという夢をもって中国東北へ移住したのである。第二期は、一九一〇年代以降で、植民地支配のための土地調査により破産した農民は働き口を求めて旅立った。それに抗日運動という政治的理由も加わった。朝鮮を占領した日本による弾圧により、朝鮮国内の反日運動に限界を感じていたこともあり、運動の展開の場を求める愛国者が数多く移住したのである。それら民族志士たちの移住は、中国東北地域での私立民族学校設立による民族教育の展開、キリスト教などの布教活動をつうじて、民族の独立思想と啓蒙運動の拡大の契機となった（北京大学朝鮮族研究所　二〇〇六：二一—二）[20]。

一九二〇年代初期になると、日本帝国主義とその支配下にある朝鮮民族との対立はいっそう先鋭化した。隣接するロシアから、延辺を中心とする朝鮮人の居住区域にマルクス・レーニン主義が伝播されたこともその大きな要因であった（北京大学朝鮮族研究所　二〇〇六：一九六）。マルクス思想は、一九二〇年代になると、従来の思想や宗教に取って代わり、朝鮮人社会を主導する支配的な思想となったのである（北京大学朝鮮族研究所　二〇〇六：一一）。さらに、一九三〇年代になると、朝鮮人社会は、国際共産党による「朝鮮共産主義団体は中国共産党に統合され、最終的には中国革命に投身する」（北京大学朝鮮族研究所　二〇〇六：一九八）という指示に従い、中国共産党への協力を決定し、反日運動を反日武装闘争へと激化させた。

このような「反日闘争」は、多民族を結束させる「ナショナル」な連帯意識を生み、中国共産党の政権獲得の後押しとなった。例えば、中華人民共和国成立以降の国家統治への移行プロセスにおいて、「反日闘争」に代わり、多民族の結束を呼びかける「中華民族多元一体」が、連帯意識の基盤となったのである。一九四八年八月、朝鮮人を朝鮮半島からの移民から、中国少数民族としての中国朝鮮族へ変更するという政策が講じられた。これは、多様な少数民族を中華民族としての連帯感醸成へと導くことで、中華民族というナショナリズムを強化する方策の一つだった。こうして中国朝鮮族という政治概念が確立された。

この政治概念は、明時代の末期あるいは清時代の初期から一九四五年までの間、継続的に移住を繰り返していた朝鮮移民を中国少数民族に組み込むと同時に、民族の歴史を、反帝国主義や反封建主義、中国東北部の開発と中華人民共和国の社会主義建設という文脈に組み込んだ形で形成するように促したのである。

朝鮮族農民は、中国少数民族として中国の歴史舞台に登場することで、土地の所有権を獲得した。彼らはそれまで長期間にわたって、自身が開墾した土地であるにもかかわらず、その所有者になるには国籍変更と大きなハードルを越えねばならなかった。つまり、土地の所有か同化かという二者択一を迫られていた。そうした苦境を克服し、土地所有と朝鮮人という民族意識の保持の両立を可能にしたのが、中国朝鮮族という政治概念にほかならなかったのである。

3　先行研究

中国朝鮮族という政治概念の確立はしかし、朝鮮族の歴史の始まりを意味したわけではなかった。朝鮮族は、実に一九八〇年まで独自の歴史をもってはいなかった。中国国内では長らく社会学、国際政治学などの学問が禁止され、各少数民族の歴史の記述もまた同様であった。改革開放以後の一九八〇年ごろになってようやく、延辺大学（延辺自治州の民族大学）の教授であった朴昌昱によって『中国朝鮮族簡史』が執筆され、民族の歴史記述の封印が解かれた。

その後、現在までの三〇年ほどの間に、中国朝鮮族に関する民族研究は著しい成果をあげてきた。改革開放による経済のグローバル化の急速な進展にともなって、国家と民族の問題が再燃し、結果的に中華人民共和国成立以前の歴史研究が盛り上がりをみせているのが現況である。

その歴史研究は、移民史、抗日闘争史、独立運動史が主流をなすなど、生活難から移住を余儀なくされた歴史が基本的な特徴であるにもかかわらず、朝鮮族の生活史研究は多くない。移住した朝鮮民族は、その九〇％を農民が占め、土地所有を希求しての移住だった。そうであるのに、土地政策は移民史、反日運動史のなかで時代背景として言及されるに留まり、土地政策の歴史そのものが注目されることはあまりなかった。

こうした研究状況のなかで、二〇〇一年に刊行された孫春日の『解放前の東北朝鮮族土地関連史研究』は、土地政策の変遷をもっとも体系的に論じている。中華人民共和国成立以前の土地政策を、中国、朝鮮、日本などの国際関係から動態的に捉え、朝鮮移民の置かれた立場を日中の土地政策史の変容という視点から分析している。

また、二〇〇四年二月から『延辺日報』（延辺自治州の代表的な新聞）に連載された「我が歴史、正しく理解して暮しましょう」（第一回～九四回）は、特定の期間に限定せずに歴史全般を扱っている点から、朝鮮族自身にその民族的歴史を認識させる貴重な資料である。とりわけ、この調査報道は朝鮮族の歴史を新聞報道史上ではじめて詳細に公開し、民族の使命感と民族性を一般に広く伝えた。さらに、延辺大学、北京大学、中央民族大学、吉林省社会科学院などの朝鮮族の研究者たちにより一九八〇年代半ばから二〇〇〇年代までにわたり全十一巻が出版された(21)『中国朝鮮族民族文化史大系』は、民族文化という視点から朝鮮族の歴史を包括的に取り上げた画期的なものである。

本章は、これらの文献に加え、筆者が二〇〇三年から二〇〇八年にかけて実施した朝鮮族農村調査におけるインタビュー資料も参考にしている。上記の文献の多くは、共産党政権樹立以前について記述しており、一九四七年の土地改革から一九七八年の「土地承包法」実施までの記述が非常に少ない。したがって、一九四七年の共産党政権獲得以前の歴史については、主に上記の文献をもとに記述し、それ以降に関しては、政策制度に関する一次資料と経験者の証言を参考にする。

本章では、歴史資料、歴史関連研究、政治政策の原文、実地調査などの資料によって、中華人民共和国成立以降の土地政策についての先行研究を補足するとともに、歴史全般の過程における土地政策を人びとの生活実践という視点から記述、分析する。

次節からは、土地政策の変化と生活実践との関係性に着目して、朝鮮族コミュニティの形成と変容過程について考察する。

4　犯禁越境者の連帯性

中国朝鮮族の土地利用の歴史的起源は、一七世紀半ばの「犯禁越境」(22)の敢行である。中国朝鮮族は、漢族を除く五五の少数民族(23)の一つだが、他の少数民族のほとんどが先住民であるのに対して、朝鮮族は「犯禁越境」をして中国にやってきた移民であるという点で特異である。

「犯禁越境」とは文字通り、禁令を犯して国境を越えることである。朝鮮人が、朝鮮半島を離れ、禁令を犯してまで中国東北地域への定着を敢行したのである。ちなみに、その禁止令について確認しておきたい。これは二重に構成されていた。一つは、「清朝は一六二七年に朝鮮と「江都會盟」を締結し、封彊を約束した」(孫　二〇〇一：三八)ことによる「封彊政策」である。いま一つは、「清朝の統治者たちが都を瀋陽から北京に移した(一六六四年)後、長白山以北の土地を『隆興之地』すなわち満族の発祥地として厳しい封禁を実施しながら、移民たちの移住を一律に禁止した」（金　二〇〇四：第一回）ことによる「封禁政策[24]」である。中国東北地域は、満族の発祥地という名目を盾に、また清国と朝鮮の協力関係によって、二四〇年もの間そこに移住することが禁止され、その禁を犯して越境しようとして捕らえられた朝鮮人は残酷な刑罰に処された（孫　二〇〇一、金　二〇〇四）。

このような二重の禁止令を犯してまで朝鮮人たちが中国東北地域へ越境・定着した理由は、第一に、朝鮮国内では生計を立てる手立てがなく、あげくは餓死寸前に至ったとき、まことしやかな噂が流れたからである。国境の向こう側の中国東北地域には「無尽蔵な自然資源が深く眠っている」（金　二〇〇四：第一回）というものであった。第二に、犯禁越境して「朝鮮人参の採取や狩猟」（孫　二〇〇一：五三）を行い、自然資源を採集して朝鮮国内に持ち込むことに成功した者がいたからであり、その見聞が人びとを駆り立てたのである。しかし、採取や狩猟には、熟練した技術や数限られた幸運に恵まれる必要があり、誰もがそれに成功するわけではない。当然の結果として、越境した朝鮮人農民たちは、自らが備えている農業技術を生かすほかなく、「渓谷や閑寂なところでひそかに耕作を行った」のである（孫　二〇〇一：五四―六〇）。第三に、農作のための土地利用は、採取や狩猟とは異なり、人びとがその土地に定着する必要があった。これらの三つの要素が、彼らが命を懸けて「犯禁越境」を敢行した理由である。

越境者数は、一八八五年ごろにピークに達した。先行した越境者がなんとか生き延びているという情報がさらなる人びとの越境を促すという要因もあったが、それ以上に、朝鮮国内の状況こそが最大の要因である。「一八六〇年から一八七〇年までの一一年間、朝鮮北部は大寒波と大虫害、大干ばつによって、有史以来経験したことのない災害に見舞われていた。それに加え、朝鮮王朝の腐敗した官史の苛政で朝鮮国内の民衆はいっそう過酷な状況に陥っていた」（金　二〇〇四：第一回）のである。他方、中国国内でも、封禁令を廃止して民間人を募集し、東北を開墾する

「移民實邊」政策を実施しなければならない状況が生まれていた。深刻な災害に見舞われた「関内の流民が封禁を押し切って封禁区域に押し寄せた」（孫 二〇〇一：五〇）ことで、「封禁政策」が有名無実になっていた。アヘン戦争以後の西洋列強の侵略、ロシアによる東北の土地の大量占領、日本企業の三井物産の貿易活動への進出などもあり、さらに、東北部は土地が広いが、人口が少なく、清政府の援助で維持されていた東北地域の財政は危機に陥っていた（孫 二〇〇一：四七―四九）。

このような数々の要因が相まって、封禁令の廃止に加えて、「移民實邊」の施行対象が朝鮮人でなかったにもかかわらず、空白地帯における朝鮮人の取り締まりが緩くなったのである。その結果、越境者は必然的に増加し、それにともなって未開墾地を求める人びとの流れは当初の国境近辺からさらに奥地へと広がっていった。しかし、朝鮮人の越境は、一六〇〇年代から一八八五年の「封禁政策」の完全廃止まで公的には禁止されていたので、彼らの土地利用はあくまで暗黙裡に行われていた。

朝鮮人の犯禁越境自体の不法性、さらには彼らの中国内部での土地利用の不法性という状況下で、彼らは部落を形成して暮らすことはできず、官庁の目を避けながら分散して暮らしていた。諸個人および小集団は離散状態にあり、相互でひそかな情報交換が行われていたとしても、それは微々たるものであった。結局、朝鮮と清朝による二重の封禁令は、生計と生存を求める越境者にとっては過酷な政策であり、そのために、越境者（あるいは小集団）の間には、共同的連帯関係がほとんど見られなかった。

5　共同性と社会性の出現

朝鮮による「封彊政策」は、一八八三年に解禁され、清朝における「封禁政策」も一八七五年から一八八五年にかけて、段階的に廃止されていった。さらに清朝は、関内の漢民族に対して実施していた「移民實邊政策」を朝鮮開墾民に対しても開放し、これによって朝鮮人集落の形成が可能になり、個人および小集団間の連帯関係が形成されるようになった。

清朝が朝鮮越境者を利用して實邊開墾したほうが現実的だと判断した背景には、次のような理由があった。一方で、豆満江北部（現在の延辺地域）は、関内の漢族にとって「内地から遠く交通が不便であるうえ、気候が合わない」（孫　二〇〇一：七二）ので好まれない地域であった。他方では、この地域にはすでに「犯越潜入」していた朝鮮人が多かった。

朝鮮越境者たちは、そうした政策変更により、官吏の目を避けて暮らす日々に終わりを告げ、公式的に開墾が認められた。そうした状況は、さらに多くの移民を招くことになった。すでに越境した親戚、元の村人、知人など地縁血縁を頼ってきた移民らは、そうした縁を絆に集落を形成し、本格的な水田開発を展開した。朝鮮開墾民は一九〇七年までに、間島地区(28)では地域の中国人の四倍以上の五万戸に達した（孫　二〇〇一：七九）。

集落の形成に続き、血縁関係と知人関係、生存と生計のための定住という共通の目的、水田農業における協力関係の必要性、潜入生活からの解放などを要因として、共同性の絆が速やかに復活した。

朝鮮人集落の村落共同体が形成されると、外に向けて生活防衛と改善のための実践の工夫という形で共同性が現れるようになった。これは、同じ移住者であっても、漢族と朝鮮人に対する処遇の差別にも起因する。漢族は、良質で収穫量が期待され、自力では耕作できないほどに広い面積の土地が配分された。他方、朝鮮人は徴収される地代が漢族に比べかなり高く、与えられた土地面積も少なかった。その結果、朝鮮人は漢族地主の土地で小作農を務めるしかなく、租地銭（小作料）の負担も重かった（孫　二〇〇一：八四―九三）。そのうえ、入籍令と帰化の勧誘による「雉髪易服、帰化入籍」[29]が強制されていた（孫　二〇〇一：九三）。要するに、朝鮮人はわずかな荒土を開墾しても所有権を得るには、あるいは地主の土地を小作する権利を得るにも、満族の服装と髪型をして中国籍に入籍しなければならなかった。

朝鮮開墾民は、漢族が見捨てた河川敷の砂浜や山の谷間を根気強く開墾し、それを肥沃な水田や畑に変えて、土地の所有権の獲得を試みた。しかし、「雉髪易服、帰化入籍」という障害は容易に克服できるものではなかった。満族の服装と髪型に変えて中国籍に入籍することは、民族の象徴である白衣黒冠と、家系の隆盛の象徴である丁髷と被り物を捨てることにほかならず、儒教文化の下で育てられ、それを内面化していた朝鮮民族にとって、それは祖先と民族に対する裏切り以外のなにものでもなく、とうてい受け入れられるものではなかったのである（金　二〇〇四：第三回）。

このように開墾民は、民族の文化と伝統を捨てて満族の風習に従うことで、土地所有権を獲得するのか、それとも何年もかけて築き上げてきた唯一の生存手段である土地を捨てて民族性を保持するのかの、二者択一を迫られていた。しかし、そうした困難な状況下で、民族性と土地所有のいずれも保持できる実践を試みるに至る。少数の帰化開墾民を前に押し立てて、実質的には非帰化開墾民でも土地を入手する方法だった。より具体的にいうと、「中国に帰化して土地事情に詳しい人、あるいは中国役人と密接な関係をもっている帰化朝鮮人を土地地券の名義人に立て、実際には帰化してない数人ないし数十人が共同出資して土地を購入し、その土地の所有権をもつ形態」であった（孫　二〇〇一：九九）。このようにして、「この地券の名義人をバンジュインと呼び、実質的な土地所有者を佃民（ジェンミン）と呼」ぶ「佃民制」が生まれたのである（孫　二〇〇一：九九）。「佃民制」は、上記の矛盾解決に加え、資金が乏しい佃民の土地所有問題を解決するばかりか、開墾民が小集団を形成したために中国官庁や強盗に対する共同防備の機能を備えるうえでも重要な意味をもっていた（孫　二〇〇一：九九）。(30)

清朝による不平等な安置政策（定住に関する政策）と民族同化の強制は、集落範囲の共同性のなかで暮らしていた朝鮮人に、集落の範囲を超えて連携することによって民族性を保持するという社会性を植え付けることとなった。つまり、「佃民制」は、集落が共同防衛のために、外部社会に向けて行った連帯行為であった。この生活実践は、集落に社会性を付与すると同時に、翻って、人びとのみならず集落の共同性の強化にも大きく寄与することになったのである。

6　政治実践の出現

移民による「佃民制」は、既存集落における共同性に依拠しながら、朝鮮人コミュニティが社会性を形成・拡大させる契機となったが、それは容易なことではなかった。清朝と日本の対立が激化の度を増していた一九〇〇年代から一九三〇年代までの間、朝鮮人社会はさらなる試練に直面することになる。

それは土地政策がもたらした試練なのだが、この時期の土地政策については、中国、日本、朝鮮の三カ国の影響から概観する必要がある。まず、日本は日露戦争の終結を契機に「韓日乙巳保護条約」で朝鮮半島に対する特権を手に入れ、朝鮮の外交権を支配下におさめた。次いで、一九〇九年に清朝と『間島協約』を結び、間島が中国の領土であることを認める代わりに、間島への日本領事館の設置と、領事裁判権と朝鮮人の土地所有権の保持を清政府から勝ち取った（孫　二〇〇一：一〇三）。このようにして、朝鮮人が多く居住する間島において、日本は朝鮮人問題に干渉する条件を整えた。

朝鮮開墾民は、『間島協約』によって、清朝の法制度史上はじめて土地所有権を得ることができたが、その反面、「朝鮮人問題をつうじて、満州を侵略しようとする日本の野心を看破した清政府は、その防備対策として朝鮮開墾民に対する警戒と抑圧を強化させた」（孫　二〇〇一：一〇五）というように、同時に困難にも直面する。

他方、財政難に陥っていた民国政府は、「一九一四年に『国有荒地承墾条例』を発表し、吉林省も『吉林全省放荒規則』を発表」（孫　二〇〇一：一二五）して開墾を奨励した。この開墾政策によって、「東北地域における旗地の土地占有制が私的地主の土地占有制へと転化」した。この「過程は奉天軍閥官僚資本の形成過程」であり、「この資本の形成は、経済発展に基づくものではなく、奉天軍閥官僚が政治権力を利用して金融資本と各産業部分そして日本帝国主義と手を結ぶことで発展したものであった」（孫　二〇〇四：一二六）。[31]

さらに、朝鮮国内でも大きな社会変化が起きていた。朝鮮は、日本帝国の日韓合併によって日本の植民地下に置かれ、特に一九一〇年から一九一八年までに行われた「土地調査事業[32]」により多くの破産農民が生み出された。また、一九一九年に起きた「三・一独立運動」を契機に、反日志士のなかでは、日本の植民地統治に反対して独立を勝ち取るためには、東北で反日運動基地を建設する必要があるという潮流が生まれた。その結果、「亡国の民を望まない愛国志士と土地を失った破産農民が大規模に東北へ移住をはじめた」のである（北京大学朝鮮族研究所　二〇〇六：二）。この時期「朝鮮移民たちは安全で土地があるところであれば、どんな地域でも移住して朝鮮移民の集落を形成した」のである（孫　二〇〇一：一三四）。

例えば、本書のフィールドワークの対象である新龍集落は、「先祖がこの地に着いたとき、土地らしい土地はなく、今日の水田は、アシで埋まっていた川辺の砂地を開拓したもの」である。親類関係にある三戸から始まった集落は、一九三〇年代になると、付近で一番規模の大きい村として数百人もの人口が居住するまでに成長していた。また、新龍集落から東北へ二〇㎞ほど離れ、四面が山に囲まれた鶏林集落も、一九〇〇年ごろから人が生活したとみられ、一九三〇年代になると一〇〇〇人規模にまで膨れ上がり、村人が自発的に作った学校まで存在していたという。学校では反日教育が行われ、村全体が反日運動を支援していた。二つの村は、いずれも人口増加で土地が極端に不足し、直面する飢餓問題の解決のために、密輸業を行わざるを得ない状況に追い込まれていたという。この時期には朝鮮人集落の多くが密輸を行っており、塩、木綿などに加えアヘンまでが密輸の対象になっていた。新龍集落の場合、村から辺境までの直線距離は八〇㎞といわれているが、朝鮮人移民たちは細いけもの道（一九三三年生まれのＰ氏は「密輸の道」といっていた）を利用して、その何倍もの距離を歩いて通っていたという。その密輸品は、遠くはハルビンまで運ばれて売られていった。ちなみに、アヘンに小麦粉などを加えるなど再加工して収入を増やしたという証言もある[33]。密輸による生計維持は、中華人民共和国の成立直前まで行われていたという[34]。

三国のはざまに置かれていた朝鮮人は、日本による同化政策の試練にも耐えていた。「日帝は、朝鮮民族の青壮年にいわゆる『協和服』を着て、頭には『戦闘帽』をかぶり、足には『脚絆』を巻くように強制し、女子には日本式の『もんぺ』をはくことを強要した」（北京大学朝鮮族研究所　二〇〇〇：七二―七三）。「経済、政治、文化などの全ての面において最下層にあった」（孫　二〇〇一：二四七―二四八）こうして朝鮮人たちの不満はますます募り、相次ぐ宗教団体と民族学校の創設と、それらによる民族思想の伝播の本格化をもたらした。特に、一九一九年の「三・一独立運動」は、朝鮮人社会全体に刺激を与え、デモに留まらず日本総領事館への放火事件などの闘争へと発展した。

7 政治実践の実現

朝鮮人社会は、一九三二年の満州国の成立とともに激化した反日闘争によって、その社会性をさらに強化していった。満州国における日本の政策は、朝鮮人を自国の臣民として優遇するものであったのに、それにもかかわらず、反日運動が闘争へと激化した背景には、土地商租権と満州国の建国精神である「民族協和」が関係している。

土地商租権は、一九一五年に結ばれた「南満東蒙条約」の第二、三、四条で規定された日本人の南満州と東蒙地域における土地所有権を指すのだが、日中の政府間交渉においては、中国政府の体面を考えて、土地所有権ではなく土地商租権としたのである（孫　二〇〇一：一四二）。さて、この土地商租権による日本の土地買収が進むにつれ、中国国内では激しい反対運動が生じ、中国政府による商租権防備対策が強化された。日本は土地商租権の運用が難航するなか、条約が「ムダになってしまうことを憂慮し、『九・一八』事変を勃発させることを躊躇しなかった」（孫　二〇〇一：二五〇）。「満州国の成立によって土地商租権紛争は速やかに終息」（孫　二〇〇一：二五一）し、その権益の範囲も「『九・一八』事変以前の主張よりも拡大され、全中国東北三省が実施範囲とされ」（孫　二〇〇一：二五三）、法的保障のもとで、日本の思惑が全面的に実現する形になった。[35]

また、満州国は、日本が主導権を握り「五族（日本人、朝鮮人、満人、漢人、モンゴル）で構成する独立国家とされ、建国の精神もこの五族の「民族協和」であるというスローガンを掲げていた」（孫　二〇〇一：二五八）。しかし、実際には平等な権利が確保され、調和が保たれていたわけではなかった。「満州国が日本に依存している以上、真の方針は日韓一体の日本帝国臣民を中枢とした五族協和であり、その協和運動もまた先覚民族の指導下にあるべきだとしたのである。そのうえ、朝鮮人は日本国臣民に属しているとしても日本に向かって無理を言ってはいけない立場で、当然ながら指導民族は優秀な文化をもっている日本人が担うべきだとされた」（孫　二〇〇一：二五八―二五九）。実際、在満朝鮮人は、他の民族からは日本への協力者と見られるなど警戒されると同時に差別され、五族のなかでもっとも弱い立場に置かれていた。

このような状況において、日本は土地商租権の対象を有籍朝鮮人に限定していた。朝鮮半島が植民地化される以前に東北に移住した者とその子孫は、朝鮮が植民地化されることによって自動的に日本国籍が与えられたが、そのほかの多くの朝鮮人は戸籍をもっていなかった。日本は、そうした戸籍がない者を支配下におさめることは難しいと判断し、戸籍登録を促す効果的な方法として土地商租権の不適用策を講じた。さらに支配統制をより確かなものにするために、仮に、戸籍を保持し土地所有が可能になっても、水田農業にもっとも重要な水利権を与えないことによって統制を強化していた（孫　二〇〇一：二六七―二七一）。そのせいで、朝鮮人のなかで、土地を所有した者はきわめて少なく、大部分は依然として貧しい小作農であった。かろうじて生計を維持していた朝鮮農民には、土地の所有権を得るための入籍費さえも相当な負担であり、労働力を売るしかなかったのである。

満州国の成立とともに土地商租権問題が解決し、東北地域の自然資源を利用するための土台が完成すると、日本による農業移民政策が始まった。この政策は、日本人を対象としていたが、朝鮮移民と中国人にとっても重要な意味をもっていた。というのも、当初は在満朝鮮人の抗日運動・闘争への参加や支援を防ぐために朝鮮人の新移住を奨励しなかったが、一九三七年を境に、「中国大陸に対する侵略戦争が緊迫したことから日本人開拓民とともに、朝鮮人の本格的な新規入植を促進したのである」（孫　二〇〇一：三八三）。そして、安全と統制を前提とした在満朝鮮人に対する装置として「集団部落の建設、自作農創定、移民統制機関の設置」を行った（孫　二〇〇一：三九三）。同時に、中国人居住地には相当数の警察と監視員を駐屯させて監視を行っただけではなく、関内の中国人に対しては移住を制限する政策を実施した（孫　二〇〇一：四〇〇）。

日本はその一方で、満州に満鮮拓殖株式会社を創設させ(36)、朝鮮人の新規入植、先住朝鮮人に対する統制と、朝鮮人小作農に対する「自作農創定」などの事業を進めていた。しかし、現実には一九四五年の日本の敗戦までに自作農となった朝鮮人はほとんどおらず（金　二〇〇四：第四回）、救済の名目で借りたローンによる負債を抱えて、日本国の雇用者という身分から抜け出すこともできず、つねに日本の統制下で困難な生活を強いられていた。

集団移民は、小作農の数を増加させ、朝鮮移民をいっそう厳しい経済状況に追い込んでいった。統制と抑圧が村の隅々へと及ぶと、生活防衛・改善のための工夫の余地もなくなり、在満朝鮮人の不満は反日闘争となって現れた。とりわけ東北の在満朝鮮人社会の反日運動と闘争は、中国全体でももっとも激しいものだった。

朝鮮人社会の反日闘争の激化にともない、日本による朝鮮人村落に対する抑圧は、弾圧、虐殺へとエスカレートした。しかし、一九四五年八月一五日には天皇が無条件降伏詔書を発表し、朝鮮人は植民地支配から解放された。民族差別と同化強制という両面からの攻撃に曝されながら、社会性に目覚めた朝鮮人社会は、思想家による反日闘争に強く共感し、連帯を強化していた。これは、日本の敗戦後ほどなくして、延吉労働者・農民・青年・女性総同盟の大会が開かれたこと、延辺人民民主大同盟(37)が組織されてそのメンバーが一四・五万人に達したこと、そして、その九四%あまりが朝鮮人であった（金　二〇〇四：第七四回）ことに如実に示されている。

8　政府の統治政策への同調と分離

中国共産党の政権確立によって、朝鮮族は、東北地域において少数民族という立場で土地の私的所有権を獲得した。一九四六年、中央政府は「土地問題に関する指示[38]」を下し、「各解放区の土地改革を群衆運動発展の規模と程度に依拠して、迅速に実施すること」を求めた。「七月七日、中国共産党東北局では『現状と任務に関する決定』を発表し、……食料と土地を分ける闘争へ農民たちを組織動員し、東北根拠地を創設、強固化することを指示した」（金二〇〇四：第八〇回）。さらに、一九四七年には「中国土地法大綱[39]」を制定し「封建的および半封建的搾取による土地制度を廃止し、土地を耕す者の手に渡す政策」を実行した。この政策によって、全農民に土地が平等に分配された。地主からは土地以外の財産も没収し、貧しい貧農の救済と、内戦の後援物資のために活用した。当時、延辺の人口七二万人のなかの、八一・九％を占める朝鮮族のうちの五五万人あまりが農民で、一人あたり平均三〇〇〇～四七〇〇㎡の土地が分配された（金　二〇〇四：第八〇回）。一方、この土地改革は、社会主義建設というイデオロギーによる階級闘争の実践であり、思想教育もともなっていた。中国共産党傘下の土地改革工作隊は、農村に深く入り込み、宣伝、動員、批判などの教育方式で地主の粛清を強化した。

改革による土地の私的所有が朝鮮族農民の基本要求と一致するものであったからこそ、朝鮮人社会には、中国共産党が率いる中華社会こそが朝鮮族農民が生き残る道とする考えが浸透していた。この信念に基づく朝鮮族農村コミュニティの社会性は、内戦が続く内地に向けての、支援の形で現れた。一九四六年から一九四八年までの間に、吉林省全体の参軍者数が一八万九四五五人、延辺の参軍者数は五万二〇五一人といったように省全体の二七・五％を占めるばかりか（金　二〇〇四：第八一回）、その数は全朝鮮人の一割を超えていた。同時に、大量生産運動を開始し、食糧と軍需物資を戦線に供給するブームが延辺の各地で起きた。

一方、朝鮮族農村では壮健な若者のほとんどが戦場に行ってしまったので、地域の労働力不足をもたらした。そのうえ、大半が貧しい農民層だったので、農業生産に必要な家畜、農機具、生産資金が不足した。そのために、これらの問題を乗り越えようと、農産物の共同生産を試みたのが残された軍人家族であった。一〇戸あまりの婦女を中心とした軍人家族らが、自発的な互助組を組織したのである。この自治的取り組みは、「互助合作」問題として行政によって一九四六年二月の「延辺農業生産の総和」という報告で提議された。「朝鮮人は過去、共同で農業をしようと『集落』を編成したことがあった。このような昔の生産形式は『互助組』をつくるための良い土台だ」（金　二〇〇四：八八期）と、高く評価された。建国以来、国家行政が農村コミュニティの内部機能を回収した初の事例となったのである。

一九四九年になると所得の一定の増加により、生活の安定や農機具の完備などが実現した。それにともない、労働報酬に対する評価基準をめぐり意見の相違が表面化し、解体する互助組織も現れた。このような状況で、行政は少数の成功例を根拠に「互助合作」の集団化を図った。多くの人は納得しなかったが、個人化を主張することで階級の敵と見なされる懸念があったために、互助組への加入を余儀なくされた。

実は、土地改革の開始当初から、地主の粛清と同時に民衆組織内部においても思想闘争が推し進められ、享楽思想、官僚風潮、自由主義、無規律などをめぐる自己批判と自己検討が展開されていた。土地改革は、農民の基本的要求に応えるものであったものの、その一方で、朝鮮族農村コミュニティ内部の日常生活に階級闘争的な政治性を内在化させていたのである。このような関係性は、集落内部の自治的相互扶助の結束力を著しく弱め、内部に階級と「敵」をつくりだし、対立を生み出す要因となっていたのである。

朝鮮人コミュニティの共同性と社会性は、中華人民共和国成立までは、支配権力との対立関係のなかで形成、変容してきた。そうした権力との対立的関係は、土地改革をつうじて育まれた農民の共産党支持によって解消されたかに見えた。ところが、共産党が政権を獲得すると、その政策は必然的に国家統治を至上命題とするものへと転換する。そしてその線上で、新たに打ち出される政策は、農村と農民の利益をこれまでのように維持するものではありえなかった。

9　共同性の弱体化

合作運動は、自発的な互助組の機能を行政に回収することで勢いをました。そして、土地改革によって農民がようやく獲得したはずの土地の私的所有権を取り上げるなどして、土地や生産財の集団化[40]に向かった。その結果、基礎社会としての集落の生活や人びとの意識と、国家の政策との間に亀裂を生み出し、それがしだいに膨らむことになる。特に、大躍進運動[41]をともなう人民公社化初期の政治政策は、農民の生活に多大な被害を与え、一九五九年から一九六〇年までの自然災害[42]とあいまって、農業全体の大幅減産をもたらし、あげくは、餓死者を出すまでに至った。また、鉄鋼大増産運動は、資金と労力が浪費されたうえに、自らの地位の維持・向上を企む各層の幹部によって、例えば生産量の改ざんが頻発するなど、規範意識の低下を蔓延させた。

一九六二年の北京七千人会議において共産党は、経済力低下を中心に大躍進運動と人民公社化の教訓を総括し、毛沢東が責任をとってその職を辞し、劉少奇と鄧小平によって農業生産の自由化の方針を打ち出した。しかし、経済の回復の兆しがようやく現れ始めたとき、毛沢東による権力奪回の政治闘争として、紅衛兵を動員した文革が引き起こされた。[43] その結果、農民はふたたび食糧不足の生活に引き戻される。しかもこの時期の生産活動は、「鐘がなると仕事に出かけ、銅鑼がなれば仕事を終える」ものであった。一年のなかで、いつ何を植え、いつどのように収穫するのかを全て公社が決めた。家畜を飼うにも頭数が決められるなど、生産の自主権と生産品の取り扱いのいずれも、農民の意志や生活とはかけ離れた状況であった。

土地利用の自主性を失った状況では、土地利用を中心に築かれ、確認されてきた集落内部の絆は弱くなり、自主性や共同性は国家の行政機能によって取って代わられ、朝鮮族社会が備えるに至っていた社会性までもが深刻な影響を受けた。

農村社会は、土地利用の自主性を失っただけでなく、政治闘争によって人びとの信頼関係までも破壊され、結束力が著しく衰退した。国家政策と民衆の生活の矛盾は、社会主義建設における一時的な困難として隠ぺいされ、全国民が平等で豊かな生活が可能な社会主義の実現のためには、民衆内部における階級闘争が不可欠であるという思想をはびこらせた。農民は、ほとんど毎日、批判集会や勉強会に駆り出され、農作業の合間にもかつての地主や富農だった人をつるしあげ、階級闘争のノルマをこなさなければならなくなった。

一方、それまで村社会に大きな影響力をもっていた実権派[44]は、中央から派遣されてきた指導者の指揮下にあった紅衛兵によって徹底的な打撃を受けた。また、基礎社会において民族性の伝承の中核をなしてきた知識層も、猛烈な集中攻撃を浴びるなど、深刻な弾圧を被った。農村社会は中央の方針に従い、行政の指示通りに「農業ではなく、政治で飯を食う」生活を強いられていた。

大隊（人民公社の下位組織）レベルでは、土地改革ですでに打倒され、財産を没収された地主をもう一度引っ張り出して、批判闘争を行った。毎日の「闘争大会」で暴力を受けていた地主が家族とともに夜逃げするなどして、闘争対象がいなくなると、村民は、中央から派遣された「工作隊」から党に対する忠誠心が足りないと批判された。周囲の人びとと比べて異色の経歴の持ち主は、さまざまな罪名で階級の敵とされた。民族独立運動で逮捕歴がある人は変節者として、日本語がうまく話せる人は「日本のスパイ」という容疑をかけられた。人びとは、吊し上げの批判闘争の対象がない場合には、ある日突然に親友や仕事仲間によって、階級の敵と指弾されるという不安を、互いに抱きながら日々を過ごした。相互監視・告発することが中央の指示による自己監督であると「工作隊」に教えられ、自身を守るため、あるいは他人を打倒することで得られる出世のために、ますます過激な闘争活動を展開するようになっていった。政治運動の現場では、例えば、「『工作隊』は農業がわかっていないのではないか」と軽口をたたいた農民までもが「反革命分子」とされた。

このような政治運動が、人民公社が解体するまで続き、朝鮮族農村社会の共同性は著しく打撃を受け、村民相互の結束力も極度に弱体化した。

10　朝鮮族村落の形成と変容

以上、朝鮮族社会の形成と変容に関して、歴史的転換期をいくつか取り上げて、考察してきたことをまとめておこう。

朝鮮半島から中国東北地域への移住の初期段階では、「犯禁越境」者たちは、地縁・血縁関係を頼りに助け合いながら移動し、しかも飢餓からの脱出という共通の目的をもっていた。しかしながら、その移住が「犯禁越境」という不法行為であったために、官庁の目を避けてひそかに分散して暮らす必要に迫られて、越境者や越境小集団の相互連帯性はそれほど強いものとはならなかった。

しかし、一八八〇年代半ばに朝鮮と清朝の二重の封禁令が廃止され、清朝が「移民實邊政策」を実施し、朝鮮人開墾民の移住を認めて以降には、相互の関係性がしだいに濃厚になる。いわば強いられた潜入生活という制限が解かれたことで、水田農業という職種が必要とする共同性もあいまって、朝鮮人集落が形成されるようになったのである。

その後、そうした集落の共同性は、清朝による不平等な安置政策と民族同化の強制に苦しめられる過程で、権力に対する共同の抵抗を生み出した。その実践形態である「佃民制」は、集落内部の結束力だけでなく、集落間の共同性も強化させ、地域における朝鮮人社会という共通認識を醸成するに至った。そしてそうした社会性は、日本の統治が強圧的になるにつれて必然的に強化されていき、ついには朝鮮人社会による反日闘争を生み出すことになった。人びとの暮らしとさまざまな国家政策との対立・矛盾があるからこそ、同じ条件に置かれた人びとの共同的な生活防衛のための工夫が必須となり、結果的に共同性や社会性が立ち現れたのである。生活上の微細な工夫と実践が、統治権力の制度によって阻まれる状況があるからこそ、朝鮮人社会の広範囲な一体化を実現させた。

このような状況は、朝鮮人社会が、民族独立思想を受け入れる条件をつくった。生活防衛のための工夫とその実践が、国家と民族の独立という政治実践と繋がり重なったのであった。

日本の敗戦後の共産党による民族平等政策と土地政策は、そうした基礎社会の生活実態に沿うものであるからこそ、共産党政権は朝鮮人社会の広範な支持を得た。しかしその後、統治権力となった共産党の政策が生活実態と距離を置く、あげくは矛盾を抱えるようになると、農村は大きな打撃を受けることになる。統治権力による政治運動は、集落の生活の隅々まで浸透し、成員を相互に対立させ、共同性を消失させたからである。さらに、集団化経営は行政主導で行われ、その指示通りに動く農民だけを優遇した。その結果、村民同士の利害共同意識は崩れた。さらには、村の実態にそった村の運営を担当していた村落リーダーや、朝鮮族社会という共通認識を支えていた知識人を迫害することで、精神的一体化の根拠も崩れてしまった。

このような朝鮮族農村社会の形成と変容は、土地利用と密接に関連し、土地政策に対する人びとの生活とも密接につながっていた。そしてまた、そうした土地利用をめぐる変容の歴史は、改革開放から約三〇年経った今も、統治権力の政策と村民の生活実態との矛盾、そしてそれを乗り越えて生活防衛・改善に努める村民の生活実践という形で延々と続いている。その誕生以来、エスニック・マイノリティとして、また他民族の統治下における従属的階級として生きてきた中国朝鮮族農民にとって、土地は生存の命綱であるだけでなく、生きる寄り処でもあった。朝鮮族農村の歴史は、政権の土地政策と村民自らの土地利用の工夫などと切り離せない関係にあったし、今もなおそうなのである。

注

(19)「朝鮮人義勇軍」部隊は、抗日戦争期の中国における朝鮮人抗日部隊で、金日成部隊もその一翼を担っていた東北抗日連軍や、関内における旧大韓帝国軍の後身を名乗った韓国光復軍とも並ぶほどの存在であった。

(20)ほかに、一九三七年以降に開拓団など、日本の国策による強制的な集団移住がある。

(21)言語史、文学史、芸術史、教育史、思想史、宗教史、民族史、新聞出版史、科学技術史、医療保健史、体育史など全十一巻で構成されている。

(22)禁止令を犯して国境を越えることをあらわす固有語である。

(23)一九九九年九月に中華人民共和国国務院新聞事務室が作成した政府白書「中国の少数民族政策とその実践」では、「中国では、漢族以外の五五の民族の人口が相対的に少なく、習慣的に『少数民族』と呼ばれている」と記述している。

(24) この政策の主な対象は漢族で、その主要な目的は満族とモンゴル族の東北における特殊な経済利益を保護し、満族固有の慣習を保存するために、漢族による影響を防止し、満族と他民族との民族隔離政策の実施を図るためのものであった。

(25) 国境地帯に移民を配置することである。

(26) 民間人を募集して東北を開墾する政策で、辺境を充実することによってロシアの侵略を防止し、流民の安置を認めることで無断開墾を防ぎ、地税徴収にもつながり、農民の生活を有利にするという意図があった。

(27) 中国の山海関より西、嘉峪関より東の地区を指している。

(28) 中朝辺境である豆満江以北の朝鮮人居住地、つまり現在の延辺自治州一帯をいう。

(29) 髪と衣服を満族のようにすることを他の民族に強制した清朝統治者たちの同化政策である。

(30) 辺境で生活していた開墾民は、つねに官庁の横暴と強盗の襲撃に悩まされていて、一人で抵抗するより力をあわせ共同で抵抗した方が効果的で安全であった。

(31) 清王朝とその王族が直接受領していた官地に対して、旗人が占めていた土地を旗地と呼んでいた。旗人とは、平時には民政を管理し、戦時には将校になる清の支配階層の満州人を指している。

(32) 日韓併合以後、一九一〇年から一九一八年にかけて朝鮮で実施された土地調査および土地測量事業のことである。

(33) 身体に害を及ぼすアヘンに小麦粉などを入れることは薬害を減らすことになると、自らのアヘン密輸と品質偽装に由来する良心の呵責を慰めていたとの証言もある。

(34) 新龍村と鶏林村の事例は、P氏、T氏、Z氏に対する二〇〇三年六月と二〇〇六年八月の証言に基づく。

(35) 一九三一年九月一八日、日本帝国は武力で中国東北三省を占領して満州国を成立させた。

(36) 満鮮拓殖株式会社は、朝鮮総督府の考案により、一九三六年九月満州国の勅令によって成立した。

(37) 民族性を強く帯びていたこの組織が別の新しい政治思想を掲げることを懸念して、中国共産党の延辺委員会が介入し、大同盟会メンバーの中国共産党への加入を進めたとの証言もある。

(38) 劉少奇により一九四六年五月四日に発表された指示で、『劉少奇選集』に記載されている。

(39) 一九四七年九月一三日に中国共産党全国土地会議で通過された。

(40) 集団化は「集体化」の訳語であり、生産と分配の手段および方法が社会の成員全体で共有すべきという意味で定着するようになり、集体も多くの人びとにより結合された組織の総体として個人に対する言語として一般化するようになった。
(41) 一九五八年、毛沢東は十五年でイギリスを追い越そうと呼び掛け、大衆を動員し、急速に生産を拡大する政策を打ち出した。なかでも、鉄鋼の増産が要とされて、農村では多くの農民が駆り出され、原始的な熔鋼炉が作られ、鉄づくりに労働力が費やされた。そのため、田畑は荒廃して、農地を公有していた人民公社制度は労働意欲を失わせていった。
(42) 自然災害ではない、という証言もある。
(43) 文化大革命の初期に結成された中学生、高校生、大学生の運動組織の名称である。
(44) 当時、朝鮮族社会で大きな影響力をもつとともに、実権も握っていた人たちのことである。

第二章　政治政策と生活実態の乖離

1　村民の主体的村運営

国家の政策は、国民を統合し、生活を維持するという趣旨であっても、当の国民の生活実態への配慮が十分ではないことがある。その場合、その趣旨と反対に、国民全体もしくは一部の生活に困難をもたらし、あげくは激しい反発を引き起こすことも少なくない。中国の場合、特に農村に関しては、それが当てはまる。土地制度、戸籍制度および組織法などに代表される現代中国の農村政策は、度重なる改正によって農村生活に多大な影響、どちらかといえば、数々の悪影響を及ぼしてきた。一九七八年の改革開放も、農村経済を計画経済から市場経済へと大きく転換させ、それにともなって、農村に多大な問題を引き起こした。

改革開放による市場経済化にともない、生産単位は集団的労働から家族を単位とした「経営体」へと変化し、国家による法律を守り、課された任務を達成する限りにおいて、各々の村の行政に必ずしも従順でなくても許されるようになった。結果として個人化傾向とともに「統治の危機」問題が浮上したのである。このような問題を解決するために、政府は一九八八年に組織法を施行した。それは、基礎社会の「自治」や「民主化」の要求と、国家の統治安定の要求が交わる点として、行政村レベルに村民委員会を設置して、村民委員会を通して村民による自主的な村落運営を促そうとした試みである。

そしてそれを契機に、研究者の側でも大きな変化が生じ、農村の政治組織に関する社会的研究が注目されるようになった。

農村の政治組織研究は、政治制度のマクロな理論分析から、広範囲を対象とした社会調査、とりわけ、農村の構成要素である村や村民の動向や特質を考察する実証的研究を重要な課題とするように変化したのである。農村における基礎的政治単位である村民委員会が、国家の末端組織でありながら、その一方で、農村の集落のような非制度的な社会構造との接点に位置することが認識され始めたからである。

ただし、村や村民に注目する実証的研究は、支配・被支配関係という観点から国家権力の村社会への浸透といった側面にもっぱら焦点を当て、当事者であるはずの村民による主体的な村運営には十分に注意を払わなかった。そこで、本稿はむしろ、そうした村民による主体的な村の運営に重心をかけることにする。ここでいう村民による主体的な村運営とは、権力の支配下にありながらも、限られた資源や条件を駆使しながら、自らの要求を実現するために、村落自体で意思決定を行い、実践することを指す。

このような問題意識に基づいて、本章では山鵬村の歴史におけるいくつかの重要な出来事を取り上げる。朝鮮族は、約百年前に朝鮮半島から犯禁越境してきた人びとであり、稲作を中心にした農耕生活を基盤に共同体的な集落を形成してきた。その生活史から、土着の先住民である他のほとんどの中国少数民族とは土地に対する意識を異にしている。また、清朝と朝鮮政府、さらには日本という三か国による支配権力が織りなす複雑な政治情勢をくぐり抜けて定着した経緯もあり、中国の漢族ばかりか、その他の少数民族とも異なる国家観や民族観を所有・維持してきた。本章は、このような特質をもつ朝鮮族が多くの割合を占める山鵬村を取り上げ、そこでの村の主体的運営の実態の把握を通して、国家と村の関係を再検討する。

2　朝鮮族研究と農村政策の変遷

朝鮮族特有の民族結合とその創造性を示唆する研究が近年では盛んに行われている。例えば、中国朝鮮族が形成・維持してきたアイデンティティは、中国政府の政策に沿いながらも、公認の少数民族という地位あるがゆえの特権をつうじて、独自の共同体として生き残ることを可能にしている、という議論である（オリビエ　二〇〇七：一八六）。さらには、朝鮮族の社会的ネットワークの形成（佐々木　二〇〇七、李　二〇〇六、白　二〇〇六）、「中国朝鮮族」という自己主張と自己認識、相互扶助関係と漢文化の積極的な利用への着目（李　二〇〇六）など実に多様な成果が積み重ねられている。このような研究群は、急激に変化する社会状況のなかで特徴的なグローバルな移動に注目し、新たに形成されたコリアンタウンなどのコミュニティにおける動的な関係性を考察・分析してきた。しかし、もっぱら移動先に焦点を当てた結果、ホームランドである伝統社会は崩壊（クオン　二〇〇七）しつつあるという議論に収斂する傾向が強い。その結果として、朝鮮族村の実証的研究はますます周辺化され、農村の基礎政治組織に関する研究はほとんど見られない。

しかしながら、新たに形成されたコリアンタウンの都市民の多くも、実はごく近年に、朝鮮族村から移動した人びとにほかならない。しかも、その大半はそうした母村との関係を維持することによって都市生活を維持し、また、そこで形成された共同性を都市にもち込んでいるという事実があるにもかかわらず、そうした認識を欠いているのである。だからこそ、彼らの母村の伝統社会が再度見直されるべきである。そうしてこそ、移動先の都市において新たに形成されつつあるコミュニティの共同性を把握することが可能になるはずである。

朝鮮族村は、約一〇〇年間にわたる歴史のなかで、度重なる政策の変化によって多大な影響を被ってきた。その変遷のなかでも現政権による約六〇年間に限っての概略は次の通りである。

一九四八年には、土地改革によって土地の私的所有権を得たものの、世帯間における労働力や生産道具の不均衡により、「互助組」という自発的な相互扶助組織が形成された。一九五三年ごろからは、政府の宣伝や説得により、ほとんどの農家が「初級合作社」に加入し、さらに、一九五六年には生産手段を共有する「高級合作社」へと改編された。それによって生産性は大きく向上したものの、一九五八年からの人民公社化による集団化レベルの引き上げによって、農民の労働意欲は著しく低下した。この失敗を教訓として、一九六〇年には人民公社、生産大隊、生産隊という「三級所有」(45)が導入され、状況は一時的に好転したものの、一九六六年からの文革により農業生産は大きく停滞した。各朝鮮族村のエネルギーが、政治闘争に偏った結果、食料不足に苦しみながらも、自主的に養豚や編み物などの家庭内副業を復活させ、一九七〇年には最盛期を迎えた。次いで一九七九年に政府は「生産責任制」を導入し、労働成果の分配に関して、それまでは労働実態を反映せずに均等に割り当てていたが、こうした無条件の「平等」をやめることによって、農民の労働意欲を強化した（韓　二〇〇一：一三四―一三八）。このような政策変遷史のなかでも特記すべきは、文革による農業生産の低下に対応しての自主的な副業の復活である。このような現象は、一つの村の特殊なケースに留まるものではなく、全ての朝鮮族村で見られるものであった。つまり、農民は、もっぱら政策に従うだけの受け身の存在などではなく、自らの生活上の問題を解決するために、身近なさまざまな資源を活用した数々の工夫を行ってきたのである。

本論は、以上の歴史を踏まえて、山鵬村の住民の生活の組み立てと村落の運営を中心に考察・分析を進める。まず、次節では山鵬村の歴史を辿り、なかでも現政権成立直前のソ連赤軍の進攻にまつわる出来事を考察することにする。

3　中華人民共和国成立直前の政治情勢と生活

一九四五年八月は、敗戦した日本だけでなく、解放を迎えた中国東北にとっても重要な転換点であった。中国東北地域は、第二次世界大戦の帰趨を決するうえで重要な役割をはたした日本関東軍とソ連赤軍の戦場だったからである。山鵬村は、関東軍の重要な軍事拠点に位置し、日本軍の撤退とソ連赤軍の進攻を経験した村である。朝鮮人人口の九〇%以上が小作農であった朝鮮人は、日本の満州農業移民政策と戦時下の土地政策によって、長期に渡って抑圧されてきた。旧満州における抑圧的な経済生活の実態と朝鮮半島の植民地化という政治的状況こそが、在中朝鮮人の反日運動への積極的な参加の要因であった（孫　二〇〇一）。鶏林集落では、抗日拠点を作ってマルクス思想教育が行われ、多くの村民が抗日運動に参加・協力した。したがって、中国共産党と同盟関係にあったソ連赤軍の進攻は歓迎すべき事態であった。延辺地域での七度に及ぶ戦闘で、甚大な犠牲を払いながらも勝利を収めたソ連赤軍に対して、民間の抗日組織と拠点住民は一致団結してソ連赤軍歓迎委員会を組織し、歓迎大会を開催した（金　二〇〇四）。ソ連赤軍の進攻は、中国共産党や延辺朝鮮族社会にとって、日本の植民地下から脱するための戦略であった。

しかしその一方で、ソ連赤軍の進攻は民間人にとっては大きな恐怖をもたらすものであった。略奪や婦女に対する暴行をともなっていたからである。ソ連赤軍の進攻以来、東北の朝鮮族社会では、子供を戒める際に「マウジァ（ロシア人）が来る」という言葉が使われるようになり、その恐怖の記憶を長く保持している。このように山鵬村は、反日という立場のゆえにソ連赤軍を歓迎する反面、村に迫りくる恐怖という、矛盾を抱えることになった。このような状況のなかで、村民たちは、民間人に対する集団的な略奪や暴行は、ソ連赤軍の方針ではなく、個人レベルの行為であることを見きわめて、対応に当たった。例えば、鶏林集落の場合は昼夜を問わず村の入り口に村の青年男子を見張りにつけ、ソ連赤軍兵士の姿が見えると、村の中央にあった大きな鐘を鳴らし、村民を広場に集めたうえで、男性が女性を囲んで保護する体制で、兵士たちの通過や撤退を待ったという(46)。また新龍集落と上集落では、ソ連で生まれ育ち、ロシア語に長けた当時四七歳のV氏を交渉に当て、すすんで食料などを供出する形で対応し、兵士が集落にはいることを阻止したという(47)。支援や協力の態度を示すことによって、村が被る損害や危険を最小限に留めたのである。

権力に対する全面的抵抗とは異なり、相手に同調しながら差し迫った問題の解決の糸口を見つけようとする実践は、支配／抵抗の二項対立の枠組からは漏れてしまう。このような柔軟な思考こそが、政治情勢に巻き込まれつつも、生命や財産の安全を守るために、集落単位で意思決定を行うといった、主体的な村運営の基盤なのである。こうした実践は一朝一夕で可能なはずもなく、伝統的な村落の共同性によって育まれてきたに違いない。

以下では、これまでに見てきた事例の延長線上で、現政権が政権を獲得した際に見られた政策とその後の変化、および村の生活実態との関係、つまり「政策に対する村民の見解」と「村の生活において政策が意味すること」を比較検討しながら考察する。

4　現政権と農村生活の実態

一　政策変化に対する村民の見解

新龍集落は、一九〇四年に朴氏と許氏の両家が朝鮮半島から豆満江を渡り、ブルハトン河と海蘭江の合流地点の砂地に定住したことを起源としている。また、上集落と鶏林集落も、同時期に朝鮮半島からの流民によって砂地や山の谷間に形成された。当時は、朝鮮半島における度重なる災害の発生と王朝の腐敗に起因する飢餓、清朝による国境の封禁令の廃止、日本による朝鮮半島の植民地化、さらには、一九一〇年代の「土地調査事業」が引き起こした農民の破産の続出などによって、流民が大量に発生していた。その結果、一九二八年ごろまでには朝鮮人集落の規模は増大した。しかし、中国東北に移住してもなお日本による干渉や統制から抜け出すことができず、土地所有の制限や小作料は、彼らに多大な困難をもたらし続けていた。だからこそ、貧富の差がない社会の実現を掲げたソ連共産主義の思想は、多くの朝鮮人に希望を与え、瞬く間に広い支持を得ることになり、朝鮮族社会に対して民族平等を標榜する中国共産党との同盟関係を促した。

共産党の全面的な政権獲得に大きく寄与した要因の一つとして、旧満州地域において一九四六年に始まった土地改革がある。この政策は、地主の土地を没収して小作農に無償で与えることで、生活が脅かされ続けていた農民の生活環境を大きく改善させた。五五万人あまりの朝鮮族農民が土地所有権を獲得し、被抑圧・被差別的な生活から脱出するに至った。民族平等と飢餓の解決という朝鮮族にとっての長年の悲願がこうして実現したのである。そしてもちろん、中国共産党は、朝鮮族社会の全面的な支持を得たのである。

山鵬村では、河南の土地を独占していた二人の地主から土地を没収し、新龍集落と上集落、鶏林集落の小作農や付近の貧しい農民に平等に分配した。河辺の砂地や山で荒地を細々と開墾して、ジャガイモの栽培を行っても、そのジャガイモさえも満足に食べられなかった朝鮮人農民にとって、土地所有は共産党政権以前においては想像すらできないことだった。

このように、共産党は農民の日常生活における重要な問題の一つである土地所有問題を解決目標とすることによって、朝鮮族社会の支持を得て、政権獲得に成功した。しかし、その後には、その政策を変えることになる。政策の転換点は、一九四七年の土地改革、一九五三年の互助組、一九五五年の初期合作社、一九五六年の高級合作社、一九五八年の人民公社、一九六六年の文革、一九七八年の改革開放、一九八四年土地承包法などいくつかあったうえに、政治方針の変化も加えると甚だしいものがあった。村民はこれらを各々「土改」（土地改革）、「互助組」、「合作社」、「高級社」、「毛沢東時代」、「単干」（世帯別請負制）と呼んでいる。以下では、それらの政策に関する村民の認識・見解を辿ってみる。

村民は、「土改」によってはじめて土地所有の権利を得た結果、農業労働にこれまで以上に熱心に取り組むようになり、結果的に生産量が伸びて生活が楽になったという。しかし、その後、一九四六年から一九四八年まで続いた国内解放戦争と一九五〇年からの朝鮮戦争によって多くの若者が動員されたことで、残された女性と老人が農業活動のほとんどを担うようになった。相互扶助は、こうしたやむにやまれぬ状況から生まれた。これに対して、政策としての「互助組」は、人びとがすでに実践していた相互扶助に政府が便乗したものにすぎない。ただし、土地所有権は個人に帰属し、収穫の分配も各世帯の土地面積、労働力、生産道具の有無などの現状を考慮して公正に分配されていたので、大きな矛盾はなかった。ところが、「合作社」と「高級社」制度によって、個人所有であった土地が集団所有に変わることになる。

新制度の導入は、村民間に賛否両論を生じさせた。一方では、社会主義国家建設によって貧富の差がない平等な暮らしができるからと積極的に対応した者もいた。だが、土地所有面積を増やしていた世帯や良質の土壌を有していた世帯などは、すぐには応じなかった。例えば、一九三八年生まれのT氏の一家がそれにあたる。T氏は一九五〇年に祖父母、親、七人の兄弟と一緒に鶏林集落から河南の集落に移住し、現在に至る。土地改革以後、T氏一家は家畜の売買や、他人の家屋の建築・修繕などで得た収入を全て耕地購入にあて、土地の所有面積を増やしてきた。したがって、政策転換によって土地を無償で合作社に奪われることには大きな不満があった。それゆえT氏一家は、集落の他の約一割の世帯とともに集団的生産単位への入社を拒んだ。しかし、政治的宣伝や批判の強まりとともに、否応なく合作社へ入社させられた[48]。

「毛沢東時代」については、「この時代は集団でご飯を食べ、鐘がなると仕事にでかけ、銅鑼（どら）が鳴れば仕事が終わる」、「どの季節の何時、何処に何を植え、何時収穫するかは全て公社の指示に従った」、「政治運動が叫ばれるなか、半分以上の人が幹部を務め、農業を疎かにしたので、当然食べ物に困っていた」と多くの村民は語る。土地の集団所有に加え、生産や生活の細部に至るまで自主権を失っていた当時の状況を象徴する二つの事件がある。一つは、究極的な集団化を目指していた一九五八年の「大躍進」[49]時のことである。この時期は、食糧の個人所有も否定され、いくつかの集団食堂で、一緒に食事をすることが求められた。当時、食堂で炊事担当をしていたFさん（一九二六年生まれ）は、姑、夫と四人の子供の七人家族であった。食堂では十分な量の食事を摂ることができなかったため、家族のために、炊き上がる前の半炊き状態のご飯をこっそりもち出したことがあった。それを家に訪ねてきた村民に見とがめられ、厳しい批判を受けることになった。Fさんは、自身の行為を、当時は生きるために仕方なかった、と回想する。[50] もう一つは、一九三九年生まれのUさんの証言である。一九六三年から実施された「下放運動」[51]で山鵬村にやってきた知識人は、上層部の政治指導員の指示にしたがって農業労働に従事させられていた。その労働の一つが、肥沃な土づくりであった。一・五m位の深さまで土を掘り起こし、そのなかにわら、堆肥、落ち葉などを入れて埋め戻すことで良質の腐植土が作られることになり、それはなるほど豊作を目指す試みであった。しかし、深く土を掘り起こすと、低層の粘りのある赤土が上層に露出して、逆効果を生む可能性もあった。もちろん、農民たちはみんなそのようなことを常識としていたが、誰もそれを指摘することはなかったという。

一九八四年から始まった「単干」時代は、土地の利用権を各世帯に請け負わせる形で、生産や経営が個人に任された。その結果、生産意欲は高まったが、能力の違いが生活レベルの格差をもたらした。一九三三年生まれのP氏（男性）は、衣食住には大きな問題はないが、家の新築のためのローンの返済、三〇年前に比べて十数倍にも膨れ上がった祝儀など村民同士の付き合いにまつわる出費の増大、消費経済の浸透にともなって、家から一歩外に出ると現金が必要になり、昔よりもお金に困り、請け負った土地で暮らしを立てることが難しくなったという。以前は、食べ物が豊富にあるとはいえなかったが、畑仕事をするにしても大勢が同じ畑でわいわいと仕事をし、村では家に鍵をかける人もいなかった。しかし、今は農業だけでは生計を立てることができないからと出稼ぎに行くようになった結果、村の治安が悪化し、家畜を盗まれることも多く、安心して家を留守にできないと心配する。

上記のような村民の語りは、次のようなことを示唆している。第一に、政策と生活実態との乖離である。中華人民共和国の建国当初、国家の政策は土地改革を中心に、農村の生活実態に合致したものであった。しかし、社会主義建設が強化され、「合作社」から、集団化、計画経済への移行のなかで、政策は国家権力の保持・強化という目的を優先し、農村の日常生活実態から乖離していった。そうした過程が村民の証言で裏づけされると同時に、村民の政策に対する評価は、日常生活にその根拠をもっていることも分かる。第二に、村民による政策の問題点の指摘のしかたである。政策評価は肯定部分と問題点の指摘に分かれており、問題点に対する指摘のほうが中心的で具体的である。なお、生活実態に影響がもっとも大きかった「毛沢東時代」においては、私益追求のしたたかさも顕著に見られる。

政策と村の生活実態との乖離が進行する状況下で、共同性に支えられていた従来の村運営も、変化を余儀なくされる。国家が統治の必要から政策の実施を村に要求するのに対し、村落の人びとは、生活実態から政策実施の可能性を探るようになる。このことを以下でさらに考察する。

二　村史が語る政策の意味

山鵬村は、一九八四年、土地請負制を契機に、食糧問題を根本的に解決しただけでなく、経済的余裕が生まれた結果、二〇〇〇年ごろには村史作成の企画が進み出した。二〇〇三年には村史作成に必要な村の歴史に詳しく資料提供ができる村民をリストアップし、村民委員と村の学校講師によるインタビューを実施した。主な対象は、村の元幹部、各集落のリーダー、各集落の老人会のメンバーなど、長期に亘って村で生活してきた老人たちであった。「村で集落のことをよく知っている人は誰ですか」と質問すると、村民委員と村民の多くが口をそろえて挙げるメンバーであった。

村史作成は現在も進行中であり、範囲や対象に関しては未確定な部分が多々残っているが、現段階での草稿から村民の関心事がある程度は把握できる。年代順に、主に農業の変化、インフラ改善、村や集落のリーダーの交代、学校の歴史などで構成されている。

まず、農業の変化である。一九五〇年に、鶏林集落から河南の三つの集落に移住した村民らが、各集落で労働力を集めて水路の修繕にあたり、一九五五年から水田農業が始まった。しかし、一九五八年には大洪水が起き、水路と全ての水田が流された。一九五九年冬には、零下三〇度以下の極寒にもかかわらず、H氏をリーダーとしI氏などの青年を中心にしたグループを結成し、ダム建設にとりかかった。彼らは、命綱として一本の縄を腰に巻き、絶壁に爆薬を仕掛けるなどの危険を冒し、大きな犠牲を払って水を堰き止めようとした。しかし、ダム建設に必要な機械がなく、そのほかの必須の道具も不足していたため、建設したダムに水漏れが発生し、水田農業をあきらめざるをえなかった。水田農業が軌道にのらなかったため、その代わりに、一九六一年から野菜栽培に挑戦したが、これも経験不足から失敗を重ねた。一九六三年には、電気モーターを導入して水の汲み上げが可能となり、水田農業の再挑戦に至った。しかし、それに要する電気量が大きすぎたので断念し、ふたたび農業用水路の建設を開始することになり、一九六八年になってようやく水路で、村全体の水田に灌漑することができた。

次にインフラの改善である。一九六四年に家屋に電気を引き、はじめて電灯が使えるようになった。一九九三年には道路の舗装が始まり、一九九六年には山鵬橋をかけるという大きな慶事があり、二〇〇〇年には上水道の敷設が終わり、二〇〇三年には各集落の路地まで舗装された。同年、鶏林集落にゴルフ場ができた。そのほか、リーダーや学校の歴史も、何年に誰が村長に任命され、何年に小学校が設立され、何名の教師と何名の学生がいた、という構成になっている。

ところで、自然災害に関する記録をめぐっては意見が分かれた。一九八二年に新龍集落の東側の山に起きた火事の状況を記すべきかどうか、という点についての対立である。一方は、村民全体が力をあわせて山火事から村を守った、という内容の記録を主張した。他方は、赤松を切ることなく、村を守ったことを記入するべきであると主張した。

「赤松を切ることなく」という主張には次のような事情があった[52]。当時、集落への延焼を食い止めるために、木を切り倒し防火帯をつくる際に、集落で大切にしていた三本の赤松を切るか残すかで、集落のリーダーと村の老人たちが対立した。火の手があがっているところと風向きから考えて赤松を切る必要はないという、経験に裏づけられた老人たちの強い主張のおかげで、三本の赤松は今日まで残され、立派な功績だというのである。防火帯に関しては、通常火の手があがった位置や風向き、防火帯の作り方などに関する詳しい情報を記述し、後世に自然災害に向けた助言を行うことに意義がある。ところが、村民の話では、三本の赤松を残したことに焦点が置かれている。筆者からすれば、赤松を守ったことが村史に残すほどの功績なのだろうかという疑問を禁じ得ずに質問したところ、「その時、三本の赤松を残したから、今の集落の民宿や商店のような観光収入があるし、観光客が増えたことで行政も重視しているのではないか」という答えが返ってきた。たしかに、赤松は、観光開発にとって重要な資源であるから、村史に残す価値があるのかもしれない。しかし、そうだとすれば、二〇〇三年から運営されているゴルフ場開発は、その資金や規模のいずれにおいても赤松よりはるかに大きい観光資源なのだから、赤松以上に記述される対象となるはずである。にもかかわらず、村史でゴルフ場開発より大きく赤松を位置づけることはどのような意図があるのか。こうした疑問に対して、例えばM氏は次のように答えた。「関係がないわけではない。例えば、橋を架けるまでにどれだけ苦労したか、でもその話を村史に入れるわけにはいかない。橋を架けるために幹部たちが頑張ったというくらいしか…」と述べた。しかし、その答えは、赤松とゴルフ場を差別化していることに対する十分な説明とは思えなかった。

ところが、そうした疑問は、ゴルフ場開発と赤松による観光開発のプロセスを詳細にたどることによってしだいに解き明かされることになった。鶏林集落のゴルフ場建設は次のように推移した。二〇〇一年、管轄市当局が韓国のある会社と林地使用権の譲渡に関する契約を締結し、鶏林集落の土地の五〇年間の林地使用権をその会社に認めた（五〇年後の林地使用権の譲渡に関しても優先権をもつ)。約一五〇万㎡の土地が三一八万元の補償で、ゴルフ場建設用地になったのである。具体的には、一般林地の一四〇万㎡を一㎡あたり一元、松林地の一〇万㎡を一㎡あたり五元、人工カラマツ二〇万本を一本につき五元、果樹二千本を一本あたり一〇〇元、家屋の三軒を合計六万元、そして果樹園の周辺に設置された架設鉄網を二万元とした。個人賠償である樹木と家屋、架設費用を除くと、一五〇万㎡の林地一㎡あたり約一元(七・五元=一〇〇円)という少額の補償で村から市当局に接収されたのである。村民は、当初、このような安価な補償に対して納得できなかった。しかし、市行政の説得によりしぶしぶ受け入れた。そして、開発が始まったころには、ゴルフ場が村の活性化に寄与するといった期待もあったが、今では話題にも上らなくなっている。というのも、ゴルフ場は上流階層を対象として、入口には検問所が設けられ、会員証明書がなければ自由な出入もできないといったように、村民の生活とはかけ離れた空間となってしまったからである。

村史は、鶏林集落の形成、抗日拠点として学校が設立された経緯などに関しては詳細に記録しようとする一方、二〇〇三年のゴルフ場建設についてはゴルフ場が建設されたという事実だけを記すに留めている。村の学校教員であるZ氏(一九五二年生まれの男性で、村史の作成に積極的)は、それ以外の村史記述に関する懸案について話してくれた。その一つに、ゴルフ場の建設によって、鶏林集落の地名の由来となった山(鶏林集落の地名は、山頂が、親鳥が雛を羽の下に包んでいるように見えたことに由来する)が山頂から六〇mも削られ、その姿を二度と確認できなくなったことがある。また、よそ者による開発は地元に対する理解や配慮の不足のせいで、村民の不満が高まっていること、新設された橋の名前が「鶏林橋」ではなく「桂林橋」となっていることなどであった。(53)

以上のゴルフ場開発と赤松による観光開発とでは、村民にとっての意味合いが全く異なっていた。新龍集落の赤松は一九八〇年代から観光で訪れた人びとの口コミによって、その評判が広がった。観光客の増加につれて、それらの客を当て込んで商売を始める村民が自然発生したため、村は本格的な観光開発の必要性を感じ、赤松を資源にした観光開発を試みたのだった。しかし、次の二点の難題があった。

一点目は、観光開発を主導するための責任主体を決めることであった。土地は世帯単位で請負われているのに対して、山の利用と所有関係ははるかに複雑であった。山鵬村が所有し、新龍集落が慣習的に利用してきた実態を踏まえ、集落の利用と村の所有という矛盾を解消する必要があった。村と集落、慣習と政策、さらに物理的移動の距離や時間などをめぐり、意見交換を重ねた結果、新龍集落の老人会が運営を担当することになった。

二点目は、交通整備の問題があった。新龍集落までの道路は未整備のままで、特に村を南北に分けている海蘭江には橋がなかった。河にはほんの限られた人数しか乗れない小舟しかないうえに、漕ぐことのできる者も少なかった。そこで橋の建設が求められたが、その資金を負担する力が村にはなかった。

そこで試みられたのが、国家の陳情規定に関する情報を把握し、橋を架けるという村の要望を、観光開発ではなく、村民の最低限の生活保障として位置づけるという工夫であった。さらには、何年にもわたり、村の団結を示す全世帯の署名入りの陳情書を携えて、上層機関の訪問を続けたのである。その結果、市から一三〇万元、鎮から二〇万元の出資を引き出す一方で、村で労働力を負担することによって一九九六年に山鵬橋が完成した。しかもそれで終わりではなかった。赤松を観光資源化するために、赤松に神話性を付与したうえで、新聞やテレビへの報道依頼による宣伝活動、そして、村の「美化」の工夫を行った。その結果、赤松ばかりか山鵬村全体が、州内はもちろん広く韓国までその名前を知られるようになり、韓国の環境保護運動に関わる有志からの経済的支援も受けるようになった。

以上の経緯を村史に記録することに関し、村民委員であるNさん（一九五〇年生まれの女性幹部）は、「橋は行政が一五〇万元を出資し、村が労働力を出して建設したのだが、村はそれ以上の主体的な努力を継続した。自然、文化、政策が複雑に絡み合っている村の生活環境のなかで、それらを一つ一つ解きほぐし、解決のために継続的な努力をした賜物である」と語った。

こうした認識があるからこそ、赤松の保存の経緯が村史において強調されたのである。

ゴルフ場開発は、村の自然環境や伝統文化を消失させたのに対して、赤松による観光開発は、村に経済効果をもたらすばかりか、自らの伝統文化（それが村民によって新たに創られたものであっても）を自他にアピールし、村の連帯感を高める実践であった。このような村民の生活実態に沿ったアプローチこそが、村民の主体的な村運営にほかならない。上からの政策は往々にして、村民の生活に制約をもたらしかねないが、それに柔軟に対応しながら、それをむしろ村民が生活改善のために利用可能な資源に転換させるべく工夫し、さらにそれを実践に移す村民の主体的な姿なのである。

5　小結

本章では、まず分析の視座として「政策に対する村の見解」と「村の日常生活における政策」の差異性を提示し、村において政策がもつ意味を分析枠として、中国朝鮮族村の村民による主体的村運営の実態を考察してきた。本章の議論を改めてまとめてみる。

まず、ソ連赤軍の進攻を支持しつつも、その過程で生じかねない問題を解決するための工夫を取り上げた。それは、政治情勢に翻弄されながらも、自らの生命や安全を守るために、既存の共同性を担保として意思決定を行ったうえで実践に移していく主体的な村運営であった。次に、政策と村落の生活実態との関係の変遷を論じた。現政権の農村政策は、政権獲得当時には村の生活実態に沿うものであったが、徐々に両者の乖離が進行した。それに対して、村民は政策に対して従うような外観を呈しながらも、状況や場面に応じて個々が私益を追求するといったしたたかさを発揮した。あるいはまた、村民が共同して政策を村の利益に沿うように読み替えることで、それを積極的に活用するといった工夫を継続した。これこそは村の伝統的な共同性を基盤にした主体的な村運営というべきものである。

本章が注目したのは、村民たちが歴史的に形成してきた一定の共同体性を担保として、外部権力を含む制約的環境に対して、働きかける姿であった。上からの政策が村民の生活実態においてどのような意味をもったかに着目し、そうした政策を生活実態に沿わせるべく工夫を重ねる主体的な村落運営の実態を提示することで、村民自治の可能性を示唆した。また、生活者の主体的な村落運営という視点から、歴史的な統治構造と村落共同体の実態と、その変容過程の究明に努め、さらにその延長で、村民自治を分析する可能性を開いた。

注

(45) 生産隊を基礎とする公社、大隊、生産隊という三級管理体制によるものである。

(46) 七歳のとき鶏林村で、ソ連赤軍が他の集落から略奪してきた豚や牛の解体と調理の現場に立ち会うばかりか、その手伝いまでさせられたT氏による証言である。

(47) 当時九歳であった上集落の男性の証言である。彼自身が大切にしていた革ベルトをソ連赤軍兵士に奪われるという経験をしている。

(48) T氏本人の二〇一〇年八月の証言。

(49) 「大躍進」とは、マルクス主義の原則を守りながら、数年間で農工業の大増産を行い、経済的に英米を追い越すことを目指した政策である。

（50）Fさん本人の二〇〇五年八月の証言。

（51）「下放運動」とは、思想改造を目的に知識階級を農業労働に従事させた政策である。

（52）集落が形成される前から集落の西側の山にあって、樹齢が一〇〇〇年以上ともいわれている赤松で、集落のシンボル的存在である。

（53）「鶏林」と「桂林」は、いずれも韓国語では「계림」になるので、ゴルフ場開発業者は鶏林村の由来を知らず、中国の有名な観光名所である「桂林」と誤解して、橋の名前を付けたという。

第三章　村民委員選挙に現れる村民の自治

1　行政主導の選挙から民主選挙へ

一九七八年の改革開放以降、農村において土地の請負制による個人化が進行するなかで、中国政府は一九八八年の組織法実施によって、行政村レベルに村民委員会を設置し、基礎社会の自治機能を生かした統治を目指した。

村民委員会の大半は、人民公社の生産大隊から移行したものであった。組織法施行以前の人民公社は、公社、生産大隊、生産隊の三つのレベル(55)から構成され、生産大隊と生産隊が基礎社会として認識されていた(54)。公社は基礎社会と政治・集団経済を指導する上層機関である鎮行政との間に位置し、いくつかの生産大隊を統括する役割を担っていた。農民の生活範囲は、人民公社の管理下で厳格に各自の生活単位に限定され、高度な集団化が要求された。特に、文革期においては、党の一元的指導体制の強化により、人民公社の党委員会書記および大隊の党支部書記が、農村社会の実質的な権力の中心であった（張　二〇〇六：六一）。村幹部の選出は、公社の党員が候補を選んで鎮（郷）政府の批准を仰ぐか、あるいは、鎮（郷）行政が候補を選んだうえで、大隊で討論して決めるかの二通りの方法があった。村民の意見は、前者の場合には、幹部の選出において反映されることなく、後者の場合には、大隊において討論する過程で、行政と対立することもあった。しかし、村民と行政との間で意見対立があった場合には、鎮（郷）が「工作隊」を派遣して「説得」を行うのが一般的で、要するに、公社の幹部選出は行政主導で行われていたのである。

組織法によると、村民委員会は村民自身の管理による「自治」組織の基礎単位であり、村民委員は村民による民主的選挙によって選ばれる。村民委員は、一方では村の公共事務と公益事業、民間の紛糾の仲裁を行い、村民の意見や要求、提案をまとめ、政府行政に報告することが求められ、他方では、鎮（郷）政府に協力して行政業務を執行する責任がある（組織法　一九八八）。つまり、組織法の施行は、村幹部の選出を行政主導から村民による民主選挙へと転換させることを意味した。

このような民主選挙の導入は、農村における基礎的政治単位である村民委員会を、国家の末端組織であると同時に、農村集落のような非制度的な集団との接点に位置づけた。つまり、村民委員は行政の意思を代表すると同時に、村民の意思をも代表するという両義性を帯びることになったのである。その両義性のゆえに、特に、行政と村の間に矛盾が生じた場合、国家権力と村を結ぶものとしての村民委員にその解決が要請されることになる。

本章は、山鵬村における組織法に基づく村幹部の選挙を通して、村および村民から見た自治の意味を検討する。

2　村民自治と村組織の関係

組織法の施行当初は、予備選挙段階（選挙権をもつ全ての住民が候補者を推薦する）を加えることで、住民の承認の度合を高め、その一方、政府機関が選挙に過度に介入しないことで、自治の可能性が高まったと認識された（江口二〇〇六：一二九―一三一）。しかし、そうした見方に対して、基礎社会における法の実施状況を考察した張は、村民委員会は基礎社会と行政の両側から制約を受け、他方、両者もまた、村民委員会に対する絶対的な管理権を行使することができない結果、村民委員は私益に基づく村の統制が可能となり、例えば選挙においても操作を行うことが可能で、実際にそうした例があると論じた（張　二〇〇六：三二一）。

このような村組織の原型は、建国初期の土地改革の際に新しいエリートによって再編された農民協会にまでさかのぼる。その農民協会とは、外部から派遣された工作隊が主導した「大衆の発動」のなかで、土地改革に積極的な貧農を中心に「形成」されたものであった（田原　二〇〇四：二五八）。貧農であることが村幹部になる条件であることは、その後も引き継がれ、人民公社体制の解体まで、封建的な旧思想と旧文化を敵視するさまざまな政治運動と連動する形で、行政基準とされてきた。しかし、改革開放による個人化傾向が進行するなかで、村幹部の基準も変わり、組織法によって民主化が進められるようになった。

組織法に関する研究の多くは、その法と村組織との関係に焦点をあてているが、実はその村を形成している集落についてはあいまいな態度をとっている。集落は、人民公社期においても、生産や採算単位として村を形成する基盤であり、村という行政単位は、複数のそうした集落（自然集落の場合が多い）で構成され、村民は行政村の成員である前に集落の構成員であった。だからこそ、国家による「村民自治」の提案当初から、村民委員会の設置レベルを行政村とするか集落にするかについては議論が分かれていた。そして結局、選挙の民主化の最終目標は国家権力の統治に集約されることであるという意見が採用されて、村民委員会は集落より上位レベルの行政村に設定されたのである（滝田　二〇〇九：一九七）。このような議論から考えても、集落の考察を抜きにして村落の自治を語るのは実体とはかけ離れる懸念があり、説得力に欠けるのである。

朝鮮族農村は、一九四八年の土地改革による土地の私有化から、一九五一年の合作社化を経て、一九五六年までには私有財をなくす高度な集団化単位である高級合作社へと徐々に変化し、一九八三年の「土地承包法」の施行まで、農村は集団化、計画経済化のなかにあった。また、人民公社期には大躍進や文革といった政治運動によって、村に多大な被害がもたらされている。そうした農村の一般的変化と歩調をあわせて、山鵬村の行政組織は、一九四九年に公社所属の山鵬村→一九五八年に公社所属の山鵬管理区→一九六一年に山鵬大隊→一九八四年に山鵬村村民委員会へと変遷してきた。なお、参考までに、現在の山鵬村村民委員会の行政組織図は付録の図3に示している。

本章では、山鵬村で二〇一〇年の春に実施された第八回目の村民委員選挙に注目し、村組織と村民の相互関係を集落レベルから考察する。以下、村の組織法による村民委員の選出（三節）、村幹部の選出の内実（四節）、村民がいう組織法の意義を明らかにし（五節）、六節で全体をまとめることにする。

3 組織法の施行と村民委員の選出

一 行政における実施方案

村の行政を管轄する州政府機関は、第八回目の選挙を目前に控え、組織法に基づいた実施方案（プログラム）を発表した。[56] それは、（一）思想指導、（二）組織実施、（三）関連要求の三項目から構成され、[57]（二）の組織実施項目は、全四期に区分されていた。一期目にあたる宣伝準備段階（三月一日から三月一五日）は、村民に対して選挙の目的、意義、方法、手順を明確にして、選挙に関する観念を樹立させる。また、若くて学歴が高くて、しかも農村建設に関心をもった組織力のある人材の立候補を促す。二期目の組織施行段階（三月一六日から四月一五日）は、村民の選挙資格を審査して「選民証」（選挙資格証明書）を発行する。村民の投票によって候補者を選出し、定員より多い候補者数を確保し、投票用紙は規定された様式に限り、候補者は村民会議で村民の質問に答えるなどで村民の民主選挙に備える。また、投票所を設置し、投票は有権者本人による投票を推奨し、投票用紙記入場における機密を厳守し、得票数の集計と発表は公開の場で行う。三期目の引き継ぎ段階（四月一六日から四月三〇日）は、役割分担を明確にし、新旧村民委員の業務の引き継ぎを迅速に行うことで村業務の継続性を担保する。四期目の施行状況調査段階（五月一日から五月二〇日）は、新旧村民委員会の引き継ぎが終了した後、市（県）と鎮（郷）行政による抜き打ち検査を受け入れる。

このような行政規定や指導に対して、山鵬村は、地域の状況を勘案して、時期を調整し、方法や手順においても検討を行った。二〇一〇年における選挙も規定より一か月以上遅れてスタートしたものの、規定では二か月半とされていたのに対して、約一か月で終了した。選挙期間だけでなく、村民会議の有効性を担保する参加人数に関しても、独自の規定を定めた。(58)

二　山鵬村の選挙

選挙の実施に関して山鵬村にとっての最大の問題は、出稼ぎ者が多いため、村民会議の有効参加人数を確保できないことであった。したがって村では、以下の手続きによってその難問の克服にあたった。まず、村民全員の投票による候補者選出ではなく、各集落単位で村民代表を選ぶことにした。戸籍上の人口比率によって、各集落に代表人数枠を与え、村全体で約五〇名の代表を選んだのである。そして次に、選ばれた村民代表が七名の村民委員候補者を選出し、最後に、村民代表が選んだ七名の候補者を対象に、村民全体が投票して、書記、村長、保安主任、婦女主任、会計担当の各一名、総五名を選んだ。ただし、会計だけは専門分野の学歴を有し、かつ村長の推薦が優先された。また、書記に関しては党員大会を開き、党員による再検討が行われた。

この選挙を運営する組織委員会は、前任書記であるK氏（一九四六年生まれ。脳梗塞で書記候補を辞退していた）と、各集落の隊長や老人会の会長など、立候補を予定していないメンバーから構成された。選挙の実施が鎮から村に通知されると、選挙候補の対象となっていないK氏や各集落組織のメンバーおよび老人会のリーダーは既存の村民委員会から趣旨を伝えられ、選挙組織委員会を構成した。これらのメンバーのほとんどが、その後に各集落の村民によって選出された村民代表でもあったことは特筆すべき点である。

以上のような選挙過程から、人民公社時代までは「政治表現[59]」や「階級成分[60]」を基準に、行政主導で行われてきた村幹部の選出が、新たな組織法の施行のもとでは、村独自の選挙形式によって村民の承認の度合いがかなり高いことが分かる。また、選挙を組織・運営する選挙組織委員会と村民代表の主な構成員は、各集落組織と老人会のメンバーであったことに着目する必要がある。老人会と集落組織は、村民委員会のような行政の末端組織ではなく、集落社会の村民の自治組織だから、村民委員の選出は、集落の自治組織に主導されていたことになる。

三　村民委員の基準

選挙結果は以下の通りであった。まず、書記は、上層行政機関である鎮の鎮長が村の書記を兼任することになったのだが、そうなるに至ったのは次のように、行政と村と集落の関係が如実に反映されている。二〇一〇年まで五期にわたって村長と書記を務め、村民が厚い信頼を寄せていたK氏が病気という、やむにやまれぬ理由で固辞したために、新しい書記を選ぶ必要があった。そこで二つの集落のそれぞれから一名が推薦された。一人は、小河龍集落の村民代表が推薦した三八歳になる退役軍人で、若手党員のW氏であった。もう一人は、双河集落の村民代表による推薦で、二期前に村民委員会書記を一期務めていたO氏であった。ところが、W氏は、集落組織内の経験が浅く、他の集落の村民による認知度も低かったために、支持を集めることができなかった。他方O氏も、村民委員の在任中、しばしば村の資金管理に関して独断が目立つなど、運営に不明瞭な点があり、支持を集めるに至らなかった。しかし、二人以外には候補者がいないので、W氏に一年の予備期間（試用期間）を与える提案がされたのだが、その段階で、鎮行政から適任者がいないようなので鎮長が村の書記を兼任するという通達があり、そのように決められたのである。

次に、村長に関しては、二〇〇四年から二〇〇七年まで一期の経験があるY氏が立候補したが、村民代表による候補者選出の時点で落選した。Y氏はその前の選挙に際しては、建築ブームをいち早くキャッチし、採石場と運送業で高い収益をあげた経営能力を村のために発揮したいという本人の意思もあって選出された。ところが、その在任中に村経営に関しては持ち前の経営手腕を見せることがないどころか、資金運営に不透明な点が多く村民の不信をかっていて、それが落選の理由であった。結果的に新しく選出された村長は、村で生まれ育った五〇代の集落の隊長で、出稼ぎから帰郷して数年経っていた。そのように韓国への出稼ぎ経験があるうえに、商業的才覚があり、家族関係も良好との評判であった。さらには、扶養家族の介護などの負担もなく、村のために活躍できる時間的・経済的・精神的余裕があると見なされた。要するに家庭環境と経営能力と活躍の可能性が認められたのである。

保安主任と婦女主任は、組織法施行前から村幹部を務め、長年村民委員として活躍していた六〇歳足らずの年齢の二人が継続して当選した。

書記を辞退したK氏をはじめ、長年にわたって村の幹部を務めてきた三人は、早くから集落レベルでの組織経験を積み、村の幹部在任中には鎮や市行政にまで人脈を広げ、村のインフラ整備と融資や補助金などの獲得に大きく貢献してきた人たちであり、その実績を高く評価されていたのである。最後に会計に関しては、専門分野と学歴を公開したうえで、財務専門学校卒業の経歴をもつ二〇代の若者を村長が推薦し、それが認められた。

以上の選挙結果から、次のようなことが導き出される。第一に、村民たちの暗黙の選定基準のようなものがあり、それは円満な家庭環境と経験および実績である。それは特に、保安主任、婦女主任の事例で明らかである。村のための仕事ができる時間的・経済的・精神的余裕をもち、良好な家族関係を保つ人物で、集落組織を経営した経験と任期中に実績を残した五〇代が選定対象となっているのである。この基準について、村民は次のように語る。村民委員自身が一定以上の収入を得ていないと賄賂に弱く、横領の可能性が高まる。それにまた家庭生活に関する能力が乏しい人物は、村民を主導し村全体を豊かにする能力にも欠け、家族仲が悪いなど家庭内の負担が大きいと、村のために貢献できる精神的・時間的ゆとりが生じない。集落や村組織における経験がないと、村民委員の資質の有無の見極めが困難である。これらの基準をみたすためには、四〇代前半までに集落組織で経験を積み、自らの家庭環境を構築する必要があるなど、ある程度の条件を備えて村民委員が務まる適齢期は大体五〇代になる。また、任期中の実績が村民委員を歴任する重要な要素となる。なぜなら、一度村民委員になり、その立場を利用して外部権力や市場との関係調整などによって、村や村民に貢献できるかどうかを見極めることが可能だからである。

第二は、集落間の推薦競争の存在とその意味である。村民に信頼があって歴任が決まっている保安主任や婦女主任以外に、新たな人物の選出が必要となる書記枠をめぐって、各集落は自集落からの推薦者を村民委員に当選させようとするので、集落間で競争が起こる。自集落出身者の当選を望むのは、そうなれば、各種政策の伝達や情報を他集落に先駆けて早く得ることができ、補助金、融資などの確保も容易だからである。そうした利益をめぐっての各集落の競争は、その反面で、一定集落に村幹部が集中することを防ぐ効果ももっている。現実に、新龍集落には村長と会計、ほかの三集落には各一名の村幹部が存在するというような均衡状態を作り出しているのである。

第三に、一期限りで落選する村民委員が少なくないことである。村民によると、村民委員の一期目は村民による村民委員の言わば試用期間なのである。集落組織における資源・予算管理は、村組織に比べて村民の目にさらされやすく、権力も比較的小さく、いつでも辞めさせることができる。しかし、村民委員会はいくつもの集落を統合するうえに、背後に行政権力があるため、予算運営に対する監督が難しく、疑惑の追及と辞職要請などに対しても、集落間の連携および上級行政に対する説明義務が生じる。このような集落組織とはレベルの異なる村民委員会という環境においては、集落組織で信頼を得ていた人物でも資源・予算管理をあいまいにするなど、私益を求める可能性が生まれる。また、集落組織は外部権力と接する機会が少ないために、村民委員の職務に就いてはじめて、外部権力者との付き合いや人脈づくりの素質を見極めることができるから、一期目は試用期間と見なされているのである。

第四に、会計の選出に関する特殊事情である。会計は、会計の専門知識を有しているという条件付きで、村長との関係によって決まり、村民はそれに関与していない。このような選出方法に対して、批判が起こってもおかしくないのだが、村の営みは家の生活を組み立てることと同様で、村長は「世帯主」であり、会計はその村長の「家計簿」を預かるものと認識し、全く問題にしていない。

以上のように、集落主導の選挙に反映された基礎社会の意見は、集落や村の営みだけに閉じられたものではなく、集落―村―外部権力間の「利害関係」をも十分に考慮したものであることが分かる。しかも、選挙に対しては「組織法の意義は大きいが、選挙自体は形式にすぎない」という村民に共通の認識もあり、それについては次節で検討する。

4　村幹部選出の内実

一　伝統組織におけるリーダーの選出基準

本節では、現在の「組織法の意義は大きいが、選挙自体は形式にすぎない」という村民の認識が生まれた背景を、集落の選挙基準とその歴史的変遷を辿りつつ考察・分析する。

集落組織とともに選挙を主導した老人会は、一九八〇年代に老人たちが新聞を読むために集まった「読報組」から始まった。それは一見では、改革開放を契機に新たに形成された組織のように見えるが、村の老人たちによれば「今の老人会の前身は喪興契である」という。喪興契とは、集落の形成とともに、冠婚葬祭を集落規模で取り仕切っていた自治的な相互扶助組織である。山鵬村には、集落ごとに喪興契があり、一八歳以上の成人男性は参加が義務づけられていた。(62)清朝や民国および旧満州における国家権力によって、民族自治組織が解体を強いられるなかでも喪興契はつねに存在し、一九六六年から始まった文革の初期段階においても大きな影響力をもっていた。

喪興契の最大規模の集会である総結会は、毎年一二月三一日に、一年間の冠婚葬祭の総括と集落の秩序問題を討議し、翌年の長となる道士と執事を選出した。道士は、同一人物の再任が認められておらず、年齢順で、同年齢の場合は、一日でも早く生まれた方が務めることになるが、それ以外にも細かな選考基準があった。当人の人格や村のために仕事ができる気質、さらにはその家族の人格も基準となる。例えば、嫁姑の関係がよくない家の男子はいくら年長者であっても、道士には選ばれなかった。他方、執事の方は、年齢や任期に関係なく、利口で気が利き、経験が豊富な者が選出されるが、この場合も、妻の家計管理能力までもが問われるなど、円満な家庭環境が基準の一つとされた。

集落は、こうして選出された道士と執事をリーダーとした成人男子を中心に、冠婚葬祭を司ると同時に、集落の秩序を維持してきた。葬儀の場合は一八歳以上の成人男子から壮士を選んで棺桶を担ぐ役割を与え、成人男子がいない世帯の未成年男子には旗をもたせるなどの役割を与えた。そのほか、集落の公衆道徳を維持するうえでも、喪興契は絶対的な力をもっていた。例えば、親を虐待する者が道士や執事の警告にもかかわらず改心しない場合には、執事が若者を動員して体罰を与えることさえあった。また、集落のはずれには喪興契のシンボルともいえる喪興幕舎（葬儀に使用する道具を保管する場所）があり、執事は定期的に喪興幕舎の見回りを行い、時には集落の男子に修繕を命じた。この喪興幕舎は、必ずしも集落ごとにあるわけではなく、例えば筆者の調査地では、河北の二つの集落が一つ、河南の三つの集落が一つといったように、集落間で共有することが多く、執事が集落間の関係調整を行っていた。

道士と執事に対して定期的に報酬が払われることはないが、冠婚葬祭においては返礼があった。結婚や還暦祝いの場合には、その主人公は、儀式の最後に御馳走を整えた特別に大きな膳（キェンサン）を上座の道士に差し出す。道士はそれを受けとり、注がれた酒一杯と料理を軽く口にしたあと、横に座っている執事にその膳を回す。こうした儀礼的行為によって、主人は執事に謝意を表し、執事は仲間をねぎらう。葬儀の場合も、供え物とは別に道士や執事などには特別に大きな膳が用意される慣習があった。このようにキェンサンは、村民からの返礼であるだけでなく、それが回される順番は、集落における威信を表示するものであった。

このように各集落は、年長者や男子を中心にした厳格な縦の位階秩序を備えた伝統的自治組織によって統制され、そのリーダーの選出は、村経営の能力を備え、秩序維持にふさわしい人格、そして円満な家庭環境や経験を条件としていたのである。

二　伝統組織と集落組織および村組織

中華人民共和国建国以来、封建的と見なされたものは排除の対象となり、喪興契も政治運動の最高潮期である一九六六年の文革においては大きな危機に直面した。つまり、一九七〇年に喪興契は解体され、道士と執事を選出する総結会の開催も禁じられたのである。当然、その主要成員であった道士と執事も、批判を免れかねなかった。ところが、実際には一人も批判を受けることはなかったし、さらに興味深いことに、執事はその後、集落組織のリーダーにおさまることになる。

さて、その集落組織は、中華人民共和国建国以降、土地改革を指導した農民協会に対する協力を目的として各集落に組織されたもので、集団経済への移行後、村組織に協力する性格をいっそう明確にした。しかも、かつての伝統組織におけるリーダーの選出に際しては、家庭環境以外には特に基準はなかったのに対し、新たな村組織と集落組織におけるリーダーの選出には、家庭環境に加え、貧農という「階級身分」と「政治表現」が選出基準の大きな要素となった。

そうした選出基準の変化については、次の事例が多くの点で示唆的である。

河南の集落である河龍村の現老人会会長であるS氏（一九三四年生まれの男性）の事例である[63]。S氏は、一九六四年から一九七〇年まで集落の執事を務めた人物で、一九六八年の集落隊長の交代時には隊長に選出されて一九八〇年代まで務めた。したがって、一九六八年から一九七〇年までの二年間は、執事と集落の隊長を兼任していたことになる。

従来は、伝統組織は冠婚葬祭を行い、集落組織は村幹部に協力して行政関連や生産に関する仕事を担当するというように役割分担が明確であったが、文革以来、伝統組織は活動を禁じられ、葬儀も生産・採算単位としての集落が仕切ることになった。当然、集落組織のメンバーが葬儀を受けもつことになったが、それら集落組織のメンバーは葬儀などの経験が浅く、元道士と執事などの指導や援助がなければ葬儀を執り行うことができなかった。しかも、集落においては、それら集落のリーダーたちより道士と執事のほうが、村民の信頼をかちえていた。要するに、文革による封建的伝統の排除は、形式や物を対象とするに留まり、その役割や慣習の内容にまで立ち入ることはできなかったのである。したがって、S氏が執事と隊長を兼任した二年間は、伝統組織の役割を集落組織に移行させる過渡期だったということになる。S氏は、冠婚葬祭や公衆道徳の管理運営能力に加え、集落の経済運営能力と外部権力に対応する能力が村民に認められていたわけである。

S氏の経済経営能力については、次のエピソードがそれを如実に表している。八〇年代初頭に計画経済下の一戸に豚は二頭までという制限が廃止されると、村では養豚業が流行した。集落のほぼ全世帯が繁殖用に雌の子豚を購入して飼育し始めた。しかし、S氏だけは雄豚を飼育した。その結果、雌豚の繁殖期になると、多くの農家が交配用にS氏の雄豚を必要とするようになり、他の農家が雌二頭の飼育によって年間約五千元の収益に留まったのに対して、S氏は雄一頭の飼育で年間七千元以上の収益を上げた。S氏は集落のリーダーから老人会会長になり、七七歳になったが、今なおそうした経営手腕は健在である。例えば、老人会名義で外部市場に販売ルートを確保し、集落所有の山のふもとにある砂地の砂を販売することで、潤沢な資金を確保した。そしてこの資金で老人会の経費を調達するばかりか、残額は集落の老人たちの福利厚生費として、毎年の老人節（八月一五日）に配分しているのである。

また、S氏は集落のリーダーとして、村組織に自集落の人物を積極的に推薦する。前述したW氏の推薦を主導したのもS氏である。S氏は、自集落出身者が村組織の幹部の一員であることの重要性を経験的に痛感している。土地改革後の個人経済から高級合作社の集団経済への転換時期に、S氏の集落の村幹部は、高級合作社への入社によって、財産が無償か安価で公社に譲渡させられることをいち早く集落に知らせた。そのおかげで、S氏の集落の村民たちは牛などの比較的高額な財産を処分した現金を隠しもつことによって、入社時の損害を最低限に抑えることができた、というのである。

S氏の事例からは、リーダーの基準としては家庭環境と経験だけでなく、経営能力と外部権力との関係処理能力も、組織法の施行以前から集落においては尊重されていたことが確認できる。また、集落においては、外部権力の変化に対応しながら、伝統組織の執事が集落組織のリーダーになり、自集落から村組織の幹部を推薦するなどの対応が行われてきたが、対内的な集落のリーダー選出の条件は基本的に変わらなかった。

ただし、喪興契から老人会に至る集落の老人層の権力行使が、時には強引すぎたりすることもあって、必ずしも村民全体の意見に沿うものではなかったのだが、それについては次章で論じる。

三　集落自治における老人層と若年層の対立

縦の位階構造を示す集落において、普段は目立たない軋轢、対立、例えば若年層と老人層の矛盾を露呈させたのが何よりも文革であった。文革は国家権力が後ろ盾になって、紅衛兵（高校生を中心に）を中心にした若者を押し立てての旧体制に対する造反運動であり、地方の集落の若者もまた例外ではなかった。

一九六六年一一月九日、山鵬村の中高校に在籍していた三〇数名の学生が学生証をもって、チケットを買うことなく汽車に乗って北京に向かい一二月四日まで北京に滞在した。その間、毛沢東の第八回目の接見を受け、「高揚した革命意識」を携えて村に戻り、古い封建的な旧思想と旧文化の破棄をスローガンとして文革を始めた。粛清の主な対象は満州国時代の民族的背信者や土地改革における政治犯[64]とされた人びとであった。葬輿幕舎が解体されたのは、それから二年後の一九六八年のことであり、市革命委員会の二人の幹部が武装した兵士をつれて村に入って紅衛兵に指示したことによる[65]。

集落の若年層である紅衛兵は、旧思想と旧文化の代表ともいえる道士や執事に対する大々的で公開の粛清闘争を推し進めることはなかったが、老人層と若年層の間に矛盾がなかったわけではない。

従来は、集落における隊長と会計の関係も、村組織における村長と会計の関係と同様であることが求められた。村長や隊長が優秀な若者を会計として身辺に置き、協力して村政や集落の運営にあたることによって、若いリーダー候補が将来に向けての準備的な経験ができるからであった。当然、村長や隊長は、若者層のなかでも信望が厚く、リーダーとなる素質をもった人を会計に登用して、仕事を通して若者層を動かそうとした。

しかし、文革における外部、つまり国家権力の支持によって若者世代は、会計を中心に結束し、老人層に対抗できる条件を手に入れた。その結果、一つの集落が隊長（元執事）率いる老年層と会計率いる若者層の二つの派閥に分裂するようになった。S氏が隊長を務める集落も例外ではなく、「農業をないがしろに思想学習や闘争批判にあけくれる若者に、隊長や老人らが注意しても聞き入れるどころか、政治的覚悟が低いと批判を受ける羽目になってしまう状況であった」とS氏はいう。S氏は、仕方なく執事のときから協力しあっていた年配者七名（男性）を集めて対策を練るなど、自身の隊長としての仕事に協力してもらったという。

集団生産下でありながら、二つの派閥につねに緊張があったために、S氏を含む老人グループは主に山の仕事を行うことで、衝突を避けた。S氏の老人グループが人目につかない山の仕事を引き受けたのは、「酒会」を開くためでもあった。従来から、冠婚葬祭の際はもちろん、普段も何かと口実をつけては「酒会」を開き、集落内の順位や信望を確認し、意見交流を行うことは伝統組織から受け継いできたコミュニケーションの方法であったが、緊張した政治環境のなかでは、なおさら本音を語り合う「場」が必要になっていたのである。ところが集団経済管理下では自由になる現金がないので、老人らは、七名分の作業を五名でこなし、残りの二名は禁じられていた副業を行った。例えば、農具の鎌の取っ手部分の材料になる木材を伐採し、農具にあわせて裁断し、帰宅時には家屋近くの草むらに隠した。日が暮れると人目を避けながら、以前から交流があった他の村の農機具を作るヤジャンカン（農具を作る作業所）にもち込み、一本あたり一〇銭（一元＝一〇〇銭）を稼いだ。そしてその収入で酒を購入し、七名の家を順に回りながら定期的に「酒会」を開いた。その後しばらくして、会計から「酒会」費の出所を問題視され、厳しい調査を受けることになったが、S氏の失脚を目的とした追及は成功しなかった。老人グループの家族が、酒も肴もその家に配給された食糧を節約して準備したものである、とS氏を擁護したのである。さらには、調査を主導しようとした若者たちは、相次いでその親たちから厳しい叱責を受けることになった。「お前の祖父母の最後を見届けたのがS氏や年寄たちであり、そんな年寄りに無礼なことをするなんて恩知らず者」というのであった。そのおかげで、S氏はその後も隊長を続けることができた。

喪興契は、文革によって存続の危機にさらされたが、その後も集落に根強く存在し、伝統組織の威厳を体現し続けている。それと同時に、老人層と若年層の矛盾にも見られたように、集落自治は主に老人層が主導されており、構成員全体の合意に基づく意思決定とはいえないことも明らかである。したがって、村幹部の選出に際しても、組織法とは別個の論理、すなわち、伝統組織の形成時から維持されてきた集落独自の選出基準が効力を及ぼし続けている。ただし、そのような基準が存在するからといって、組織法が全く無意味であったというわけではない。そこで、以下では、組織法の村における意義について考察する。

5　村幹部の推薦

組織法の施行以前、行政主導の村幹部選出の際に推薦される候補者としては、各集落の「階級成分」と「政治表現」がよい人物が対象となった。このような行政基準に対しての集落の対応の特徴は次のようにまとめることができる。まずは、「階級成分」が悪い富農の子弟であっても、才能があって信頼を集める人物は集落組織に受け入れられた。集落で会計を長年務める人びとのなかには富農の子弟が少なくなかったのである。二つ目は、「階級成分」をクリアして以降の、集落組織メンバーの「発展」問題なのだが、「発展」とは、村幹部になるための条件として共産党組織に加入することであり、集落でよく使われる言葉なのである。集落組織は、組織の若い後継者を中心に彼らを「発展」させることに力を入れ、同時に、村幹部の選出の際に党員であることを推薦の根拠としたのである。三つ目は、共産党組織に加入後の「政治表現」のアピール方法の教育である。村組織の幹部らはしばしば後継者たちに、この「政治表現」のアピール方法をアドバイスした。例えば、各集落組織の村幹部候補者に党費を支払う際には、できるだけ新札を用意したうえで、白い紙に丁寧に包んで期限日前に支払うように教えた。このような細かな気遣いが後々、「党に対する高い忠誠心の現れ」として人民公社や郷（鎮）の行政に認められ、行政が評価する「政治表現」に優れた村幹部および候補者として認められることになる。

このような行政主導の幹部選出に対して、組織法の施行後には、いくつかの変化が見られた。一つは、地主や富農という「階級成分」という基準が姿を消しただけでなく、国籍の障壁を越えて村民委員に挑む者も出てきたことである。例えば、二〇〇七年の第七回目の村民委員選挙では、一九四四年生まれの朝僑(66)であるD氏が当選した。上集落で生まれ育ったD氏は、小学校から高校まで村の学校に通いながらも、外国籍ゆえに共産党関連の組織（紅小兵、紅衛兵、共産党員など）への加入などは論外とされてきた。例え成績がいくら優秀であっても、国籍が異なれば「発展」できないことは集落や村においては常識である。にもかかわらず、D氏が村民委員に挑戦したことは、鎮行政の行政幹部らを困惑させる。この件に関して、鎮行政からはD氏本人に国籍問題で村民委員として認定できないので、集落組織で活躍してほしい、という丁寧な対応があったという。

二つ目は、鎮長が村の書記を兼任する（前節の記述）ことへの反発が起こったことである。行政主導によって、鎮長自らが村の書記も兼任することに対して、各集落の老人会リーダーを中心に非難の声があがったのである。鎮長が村の書記を担当すれば、村民にとって不便なことが多いということがその大きな理由とされた。従来は、諸種の手続きや関連証明に必要な印鑑、証明書の交付などは村にある村民委員会事務室で行われていたが、鎮長が書記を兼任するようになってからは、鎮長が鎮政府機関で村の事務にも対応するようになり、村民は鎮所在地までバスで片道四〇分かけて通わねばならなくなったのである。しかも、多忙な鎮長を長時間待たねばならず、半日を費やすことも少なくなかった。このような事態に対して、村民委員らが書記に意見をいうのは、今後の関係もあって難しいが、年寄りならそんな遠慮がいらないので、証明書を取りに行くたびに書記に大きな声で文句をいった、と老人会のE氏はいう。老人会はそうした不満を解消するために、他の集落の老人会も巻き込むに至った。国が農村を豊かにするために組織法を制定して村民自治を進めているはずなのに、鎮長のやり方はかえって農民に不要な負担をもたらしていると抗議した。その結果、一年も経たずに、鎮長は村の書記を辞し、元来の候補者であったW氏が一年の予備期間という条件付きで書記を務めることになった。

以上のように、組織法の施行の前後で、村民の対応に変化があったことが確認できる。施行以前の行政主導による村幹部の選出の際には、自分たちが認めるリーダーを行政の選出基準にふさわしく「発展」させることで、自分たちが望む人物が選出されるように工夫を行っていた。それに対して、組織法の施行以降には、国籍の壁が明白な朝僑を村幹部に推薦したり、鎮長の村書記兼任に抗議したりなど、暮らしを優先課題とすれば国籍は問題にならないことを態度で示し、生活にとって障害となる行政の施策には果敢に意見する傾向が強くなった。つまり、村民は、外部権力に対して自らの意志を貫く方向での対応や工夫の根拠として、「組織法の意義」を見出したのである。

6　小結

これまで見てきたように、村幹部の選挙に際してのリーダーの基準は、伝統組織のリーダーの選出基準を引き継いでおり、組織法施行などのように外部権力が変化する度に、そこに自らの意志を埋め込みながら継承してきたものである。このような基準の継続と変化の様態の分析から、村民自治とは、末端行政と基礎社会との境において、村民が伝統組織から引き継いできた経験や知恵を外部権力の意志変化に柔軟に対応させる形で、工夫し、実践するプロセスにほかならないことが明らかになった。

以上を改めて簡略に整理すると以下の通りである。第一に、村の選挙は外部的要因よりも、集落組織や伝統組織のような自治組織に関わる問題として立ち現れる。第二に、選挙を主導する集落には集落形成時から、自治組織としての伝統組織が存在し、リーダー選出の基準が備わっており、それがその後の集落組織や村組織のリーダー選出にも反映されていた。第三に、選出基準は、円満な家庭環境や経験、経営能力、実績という村の日常的な暮らしに根拠を置いている。第四に、村民自治は集落や村を取り巻く政治環境の変化に柔軟に対応する形で、行政権力に埋め込まれてきた。ただし、だからといって、そうした集落主導の自治は必ずしも集落民全体の民主性といえるものではないことが、集落の縦の位階秩序を備えた権力構造から窺われる。

以上のように、村の選挙に現れる村民自治に焦点をあてることによって、朝鮮族村の伝統組織から現在に至るまで引き継がれてきたリーダー選出の意味が明らかになった。それは村組織に統制されるものではない。また、国家権力による一方的な統治のためのものでもない。基礎社会である集落が自らの生活環境を保全するために、集落主導によって行った工夫や対応こそが、村民自治の実態なのである。

注

(54) 一九五八年には、一郷を一人民公社とし、全国に二・六万個の人民公社があった。
(55) 規模としては、公社が約二千戸、生産大隊が約三〇〇〜五〇〇戸、生産隊が約二〇〜三〇戸であった。
(56) 村民からの信頼が厚く、村民を引率して村全体の豊かさを追求できる村民委員を選出することで、社会主義農村建設を促し、農村社会の調和安定に有力な組織を提供できるように、組織法に依拠した選挙規範と手順の指導を行うことをいう。
(57) 市（県）、鎮（郷）の行政に対しては、組織指導を強化し、選挙紀律を厳しくし、不正に関する通報制度を整えることで、選挙での不正や不備をなくし、村民の民主選挙の度合いを高めるような措置をとることなどが要請された。
(58) 組織法の規定によると、一八歳以上の村民の半数以上が参加するか、あるいは村戸数の三分の二以上の世帯の代表が参加することが求められる。
(59) 党のイデオロギーを擁護し、各種政治闘争や運動に積極的であること。
(60) 貧しいほどよい階級とされ、貧農がもっともよい「階級成分」となっていた。
(61) 集落では現在も、集落リーダーを人民公社時代の呼び名を引き継いで隊長と呼んでいる。
(62) これに関しては次のような話が伝えられている。引っ越してきた若い夫婦が、家に年寄りがおらず葬儀の心配がないからと、喪興契への加入を拒否した。しかし、その年の冬に、その若妻が病気で他界した。凍った山で墓穴を掘って埋葬しなければならなくなった若い夫は、道士や執事および村民らに跪いて許しを乞うた。

(63) 二〇一一年八月に行ったS氏本人とS氏が会長を務める老人会メンバーに対するインタビューからである。

(64) 日本に協力した元自衛団のメンバー、日本軍に帰順したといわれる元鶏林集落の少年団のメンバー、日本軍に変節したと密告された人（抗日活動で日本軍に逮捕されてソウル監獄に十年間収監されていた）、国民党に入った経歴があると疑われた人、貧農を搾取した地主などである。

(65) 一九六九年末、村の文化大革命が高潮期をすぎたころ、下放で上海から十数人の知識青年が山鵬村にやってきた。彼／彼女らは、上海という大都市と山鵬村という辺境の少数民族村で生活環境にくわえて、言語と習慣までが違う村で、しかも、それまでには全く経験のない農業に従事しなければならなかった。そればかりか、宿舎で使う燃料用の薪も村民の手を借りなければならないほどで、思想学習に関心を示す余裕など全くなかった。下放知識青年が村の文革に何らかの影響を及ぼしたなどとは、村民は認識していない。

(66) 北朝鮮国籍をもって中国で暮らす人を指す。中華人民共和国成立以降、多くの朝鮮人は中国国籍を取得して、少数民族として朝鮮族となっていったが、一部の朝鮮人は、D氏の親のように、朝鮮国籍を選び、その子孫も朝僑と呼ばれるようになった。

第四章　観光開発に見られる村の意思と国家の力

1　村と国家権力の再考

本章では朝鮮族村の観光開発を事例として、改革開放以降の農民が主体となった開発の様態を叙述することによって、一般的な受動的農民という像の虚像性を明らかにし、さらには、村落自治の今後の発展の可能性を展望する。

中国の改革開放は、鄧小平の「先富論」(67)を基本的理念として、沿岸地域に経済特区を設けて開放することから徐々に進められてきた。しかし、三〇年以上経った今、先に豊かになった一部の人や地域が、その波及効果をもってそのほかの人と地域を助けるどころか、増々格差社会が拡大している一方である。なかでも、特に農村地域や少数民族が集住している辺境地域と、沿岸地域や都市社会との経済格差が深刻化している。しかも、それに端を発した社会不安定が顕著になり、政府は対応策を迫られ、講じた政策の一つに「三農観光」(68)がある。

このように始まった貧困地域の開発は、農村を豊かにすることができただろうか。観光開発にかかわる先行研究を概観したうえで、本論が引き継ぐべき視点を探る。

一九九〇年代に、農村と都市の貧富の格差を解消する目的で政府によって進められてきた「三農観光」政策は、大部分の少数民族地域が貧困地域であったこともあり、政府主導による少数民族地域の観光開発と認識されてきた。そのせいもあって、今でもなお、観光開発による利益分配が地元の農民にとって公正なものか、受益者は誰なのかといった諸種の議論が沸騰し、衝突をもたらしている（兼重　二〇〇八：一五七）。そうした事態は政権にとって最大の社会的、政治的不安定要素となっているのだが、それは特に「収用地問題」の形で現われている。そして「収用地問題」が起きる原因としては、次のようなことが指摘されている。すなわち、中国では農民の利益を代表する政治勢力や組織がなく、農民の土地に対する権利を確定する私有制もなく、さらには自由な移動や職業選択を許す市場の力もない（中兼　二〇〇七：四三）。

したがって、地元住民に対する強制力をともなう政府主導の観光開発に対しても、地元住民がそれに表立って反対することは難しいのだが、だからといって、地元の人びとは一方的に屈服させられているのか、あるいは、何らかの抵抗をしているのか、その対応を詳細に検討する必要性があるとされる（兼重　二〇〇八：一五八）。

このような先行研究を踏まえ、本章では中国朝鮮族の村に焦点をあてて検討する。そこで、朝鮮族に関する先行研究についても簡略に概観することにする。

一九九〇年以降盛んになってきた朝鮮族研究の大半は、中国の改革開放以後、世界のグローバル化も相まって朝鮮族労働力の大量移動によって生じた朝鮮族農村社会の変化に関するものである。つまり、農村における人口減少問題、教育問題、経済発展、さらにはアイデンティティ、民族社会の地位論、文化資源などが主な課題として研究されてきた（金　二〇〇一、許　二〇〇九）。

ところが、そこでは農村はもっぱら人口流出、教育の荒廃、共同体の解体などの「問題」対象として位置づけられるに留まり、農村生活の実像に迫るような実証研究は非常に少ないのである。その数少ない農村研究の大筋を辿ってみると、まず、農村社会の安定を前提にしたうえでの政策効果の検証と農村問題の調査と解決策の模索である。それらは、主に国内の研究者を中心にして、政策側からの統計的調査に基づく実証研究であり、都市と農村収入の格差の拡大、医療・福祉の不足、教育の空洞化、農村男性の結婚難などを指摘する報告書が多い（李　二〇〇九）。要するに、行政に対する政策の提言に留まっていることが多いのである。次に、ライフヒストリーや聞き取り調査法を用いた文化人類学的研究である。改革開放以降の朝鮮族が移動先のホスト社会に適応していく様態とそれを支えている民族意識を、主に吉林市や青島市の朝鮮族を対象に、個人と社会の相互規定関係を描いたエスノグラフィーである（韓　二〇〇一）。しかし、それらは、生活史やインタビュー内容を記述するに留まり、論理が体系性を欠き、主張も明確さを欠く傾向が強い。さらに、近年では朝鮮族の集住村を対象とした産業化動向に注目する研究がある。空洞化と解体、民族学校の荒廃など共同体の解体によって村社会が揺れ動いているなかで、文化資源の産業化の可能性を模索するのである。文化の原型資料の発掘をつうじて文化資源を質的に向上させ、それらを産業化に利用する可能性の模索なのである。ただしそれは、伝統的な文化の再現・復元ではなく、現代的観点で再解釈したうえでの活用の必要を主張したものである（鄭　二〇〇九）。このような研究は、朝鮮族農村の持続的発展を考えるうえで非常に重要な提言で、自然資源を利用した観光開発の実像を探る本章にとって示唆的なものである。

これらの研究を踏まえると、権力と農民、観光開発と農村、朝鮮族研究という三つの側面から、以下のような設問を導き出すことができる。一つ目は、農民を犠牲にして成り立っている権力構造において、受動的立場でひたすら我慢するか、あるいはその反対に権力と衝突する存在としてではなく、農民が権力に対して主導的な実践を行うことは可能なのか。二つ目は、農民主導の観光開発はいかなるプロセスによって正当性を獲得し、実現可能となるのか。本章では、以上の設問を引く継ぎ、中国朝鮮族農村の観光開発の事例を通して、農村と国家権力との関係を再考し、村民主導の観光開発の仕組みとプロセスを明らかにする。

2　観光開発の対象と土地利用

研究対象の選定にあたっては、次の二点を基準にした。一つは、最末端に位置づけられた農村に対するミクロな研究の必要性を考慮した。なかでも土地問題をめぐって権力との衝突が噴出する観光開発に着目することが重要だと考えた。もう一つは、主流民族に対して周辺に位置づけられてきた少数民族に焦点化することである。そこで、農民と国家権力との関係において、受動的ではなく、かといって衝突に至らない実践行為を行ってきた朝鮮族農村を調査対象とした。

なかでも、山鵬村を取り上げたのは、主に次のような理由からである。一つは、村の基礎幹部が郷や鎮の幹部と一体となり、政府主導下で村の土地を開発するという幹部の方向性に抗して、山鵬村の村民委員会は村民を動員して村民主導の観光開発を展開してきたことである。もう一つは、一九九〇年代から現在に至るまでの出稼ぎブームによって人口が大量に流出するなかで、農村のシステム自体が正常に運営できなくなっているとする農村崩壊論に対して、山鵬村は他の村と同じように流出人口を抱えながらも、留守を担う村民委員会と老人会が主軸となって独自の活動を行ってきたからである。さらに、山鵬村を構成する一集落である新龍集落において、観光開発の目玉である古木・千年松が立地する山の利用管理が、その集落によって主体的になされているという事実を発見したことである。

新龍集落では、集落周辺の山に対して、「村の山」という所有観念が長期間にわたって引き継がれてきた。しかも、中国の土地政策が激変するなかでも、そうした慣習的土地所有の観念は暗黙のうちに認められてきた。だから、集落の人びとは基本的に自分の集落のものである「村の山」を利用し、他の集落のメンバーの利用を拒んできた。それにまた、河南と河北と新龍集落との間に、川という明確な境界線があるために、それらの集落の人びとが川を越えてまで新龍集落の山を利用することはきわめて困難であった。

さて、一九八〇年代までその山鵬村は、山奥の何の変哲もない農村であったが、一九八〇年代後半からは出稼ぎブームによって人口流出が増え、さらに、九〇年代には都市近郊という地理的条件もあって、開発の荒波にもまれることになった。しかし、戸籍上の人口と各世帯が利用権をもっている土地面積については、一九八四年の土地承包法の実施以後、大きな変化はない。土地利用権の変更や調整が難しいことから新しい戸籍移住者を拒んできたからである。

ちなみに「農村土地承包法」とは、土地の利用と管理に関して各村の権限を認めるものであり、それによって、各集落は土地利用権を分配され、山鵬村も一つの集団として村の土地に対しての所有権をもち、村民委員会を設置して改革開放以前から引き続き新龍集落を管轄することになった。そしてその新龍集落が「千年松」（別名三胎松）と呼ばれる名木を活用する観光開発を計画した。

3　観光開発事業を可能にする条件

一　観光開発の資源——千年松

千年松とは、村の東側に位置している三本の赤松の大木(69)である。日本による中国東北部の占領時、日本人を含む多くの人びとが川で舟遊びをしながら景観を楽しんでいたと、五代にわたって村に住んでいるP氏はいう。中華人民共和国成立以降は、世間に知られることはなくなり、訪れる観光客もいなくなったが、千年松は村の子供たちにとって恰好の遊び場であった。大人たちも昼休みになると穀物用麻袋や草袋を敷き、松の根元で仮眠をとったりした。また、村の集会や行事の場としても活用されていた。このように千年松は、外部には知られてないが村や村民にとっては村のシンボル的な存在であった。

ところが改革開放以来、そんな牧歌的な風景は大きく変化した。千年松の評判が口コミで広がって多くの見物人が訪れるようになった。すると、観光客を相手に商売を始める村民たちが増えるなどして、観光開発の必要性が村民たちに意識されるようになった。そしてそれを実践に移すことになるのだが、その過程におけるさまざまな障碍をどのように乗り越えて実現に至ったのか、その軌跡を辿ることにする。まず次節では、観光開発に必須の条件としての観光資源と交通整備について論じる。

二　観光地の利用権と交通の確保

観光開発事業の実施に不可欠な土地の利用と管理について見ていこう。「農村土地承包法」は、この点に関して行政単位としての村の権限を認める法律である。一九八三年に山鵬村は世帯単位による請負制を実施するために土地の分割を行った際に、分配の権限を集落に与えた。そして集落では、農地と山のそれぞれを世帯単位に分配した。

農地は、分割されたことで生産効率を上げたが、山の分割をめぐっては不都合があった。墓の建立、放牧、薪の調達などあらゆる面において分割できない事情があったからである。例えば、放牧には大面積の放牧地が必要で、草の再生周期にあわせ五〜六年サイクルで移動する必要がある。一方、各隊の牛は一か所に集められ当番制か雇い放牧人によって山で放牧される。したがって山を分割することは、サイクルで移動することや当番制という効率的な放牧方法に障害となる。

墓の建立や薪の調達に対しても同じような不都合が浮き彫りとなり、実施からわずか二年で慣習的に行っていた集落による共同利用・管理に戻すことになった(70)。こうして、耕地は村が所有して各農家が利用し、山は村の所有で集落による利用という二つの形態をもつことになった。つまり、山鵬村は、国家基準を流用して、集落による山の利用と管理を承認することになった。

村による利用・管理ではなく、集落による利用・管理という形は、集落の形成とともに制度化されたもので、政策の変化に多少左右されながらも、内部においては継続して維持されてきた形である。集落では、「××集落の山」が共通認識となっていたのである。山の利用に関しての世帯請負制の停止そして慣習的利用形態の復活が、千年松を含む山の利用をも新龍集落という集落による利用形態にすることを可能にしたのである。

もう一つの必要条件として交通の便の確保があった。当時、千年松に辿り着くには川を舟で渡らなければならず、舟の操作に慣れた人が必要であった。そのうえ、対岸に舟が止まっているときにはその舟をこちら側に引き寄せる必要があった。そのうえ、山鵬村には川渡りを専業とする人員の配置に必要な予算もなかった。もちろん、川に橋を架ける資金など論外であった。しかし、千年松で観光客を呼び込むには橋の建設が理想的であった。そこで集落はもちろん山鵬村全体を動員しても橋を架けるという大工事を実現する財政力がない状況で山鵬村がとったのは、陳情という国家に対する働きかけであった。長年、山鵬村における南北の交通事情を妨げてきた川に橋を架けることには、当然ながら他の集落と村民委員会の支持も得たうえでのことだった。

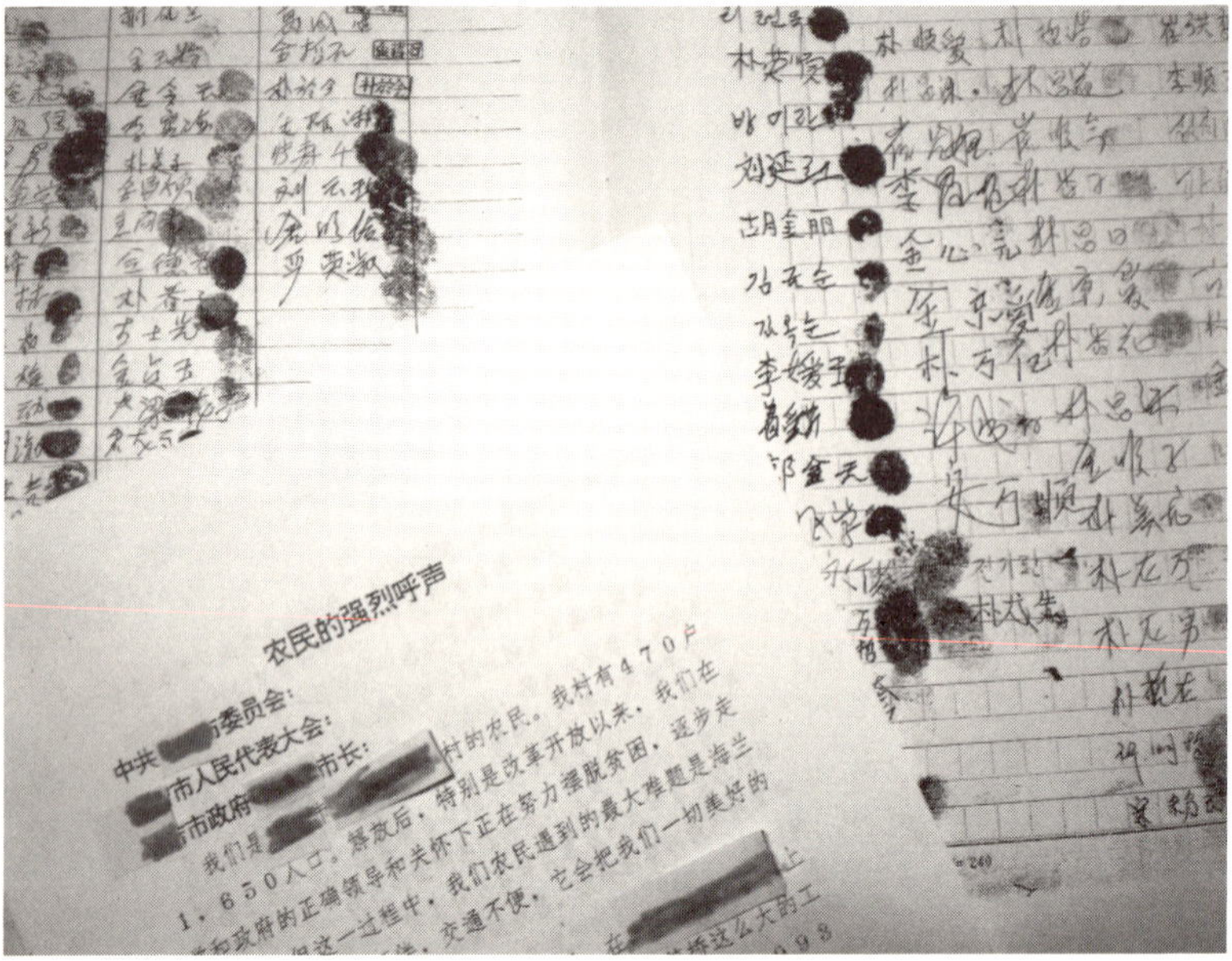

陳情書とサインした原稿用紙（筆者撮影）

三　陳情への道のり

村民から橋の建設にもっとも力を発揮したといわれているNさんは、村民委員会幹部（五名）の一人で、酒に強く、場を盛り上げることが上手な六一歳の女性である。「人付き合いの要領が上手」[71]と評判の彼女は、三〇年以上の経歴を誇る老共産党員であり、九一年から三期連続で州の人民代表に選ばれたことがある。橋建設は新龍集落の観光開発に限らず、川を境に同じ行政区域に属する山鵬村全体にとっても重要であるという声の高まりを受けて、山鵬村にとっていかに橋の建設が必要であるかを市に訴え続けた。そして一九九三年には、建設の約束を市からとりつけた。しかし、財政難を理由に着工時期はあいまいなままだった。そこで彼女はそれまでの交渉の方法に限界を感じ、委員会の幹部と相談を重ねたうえで、山鵬村では前例のない陳情書を出すことを決めた。そして村民の支持を得た結果、「農民の心からの叫び」と題するワープロ打ちの陳情文と村民のサインと赤い拇印とが一杯の二枚の陳情書が作成された(72)。

それを持参してふたたび関係機関を訪ねたとき、市の対応はそれまでとは全く異なっており、陳情書の効力を実感した、とNさんはいう。その結果、同年に市政府からの一三〇万元の補助によって本格的に工事が始まり、翌一九九六年には長さ一三二m、幅九・三mの山鵬橋が完成した。陳情書は、政府への配慮の言葉から始まり、山鵬村がいかに無力であり、問題がいかに切実であるかが強調されていて、「柔よく剛を制す」とでも表現すべき戦術が盛り込まれている。さらに重要なのは、山鵬村の団結力と村民委員会の賢明な戦術だけではなく、委員の「政治的空気」を読む力に特筆すべきものがあったことである。というのも、その陳情書を提出した一九九五年には、そうした行動を正当化する法律的根拠となる「信訪条例(73)」が採択されていない段階で、委員を含む山鵬村がとった行動は、法律的根拠のない自発的行為であり、先駆的行動だったからである。

村民は、基本的な生活上の利便を向上させるための発言権を保障した「信訪条例」に先駆け、橋の建設を「生活問題」と位置づけて、再三にわたり要求を繰り返した。生命や安全、子どもの教育といった生活上の基本的な必要にかかわる点に限って記述することによって、山鵬村および個人が陳情によって基本的生活維持要求を国家に求めることが可能になりつつあった「政治的空気」の変化を読みとっていたのである。橋の建設を観光開発からは切り離し、生活の問題として位置づけることによって、要求を実現させたのである。こうして、山鵬村は、観光開発事業を可能にする条件を手に入れた。山鵬村の観光開発における条件の整備過程には、国家政策を「生活世界を充実させるための選択肢として便宜的に選びとる」（古川・松田　二〇〇三：一三二）構造的弱者の創造性が発揮されている。

四　千年松の観光資源化のための「美化」

観光開発に必要な諸条件が整ったことで、さらなる観光客の増加や注目度のアップが必要となった。そこで、山鵬村の「秀才」たちに千年松を普通の松から特別な松へと昇華させる「松の美化」という役割が任された。そして「老秀才」[74]であるP氏と後継者である「若秀才」[75]による相談のすえ「三胎松」と命名された。この名は、太陽を崇拝する朝鮮族の伝説である「三胎星」に由来する。それは、神に才能を与えられた三兄弟が太陽を飲み込んだ海の黒龍と戦い、太陽を守って大熊座に属する三つの星になったという言い伝えである。命名から始まった千年松の美化は、新聞記者を呼び込むなどメディア的宣伝効果を発揮し、それぞれの松は聖なる大鵬[76]、巨龍、日傘[77]などと形容されるようになった。そうして子どもの木登り、大人の昼休み、ブランコの掛け木といった新龍集落における日常的な存在であった千年松は、柵に囲まれて手で触れることも許されない「神聖なる松」と化したのである。

「活動家」としての委員らによるメディアを活用した宣伝は、ニュースがニュースを呼ぶ形で止めようもなく広がりを見せた。橋が完成した翌年の一九九七年には自治州を代表する新聞に「千年松」の紹介と観光開発に積極的に取り組む山鵬村の記事が掲載され、千年松と山鵬村の知名度が一気に高まった。こうした動きに後押しされるかたちで、市は一九九七年、この集落を「民族撮影創作基地」と「民俗村」に指定した。また、千年松も名木として市の文化財に認定された。流域の多くの農村と同じくなんの変哲もなかった山鵬村が、この地域を代表する民俗村としての地位を確立したのである。

観光効果は松に限らず山鵬村全体におよび、さらに韓国人を含む外国の観光客も集まるようになった。朝鮮族農村のイメージに対する国際的まなざしを考慮して、市は山鵬村を優先的に補助し、道路、駐車場、家屋などが相次いで整備された。同時に、村民自身も新たな民俗のイメージづくりに力を注ぐようになった。毎年盛大なイベントを開催し、民俗色に溢れる料理と民俗芸能で観光客をもてなすようになった。素朴極まりなかった地域の民俗伝統が、交流が深い韓国の影響を受けて華やかさを増していることが料理と衣装に表れている。山鵬橋が開通するまで新龍集落には一軒の商店もなく塩を買うにも川を渡り、河南に一軒しかない店に通っていた。ところが、観光開発とともに飲食店や商店などが二〇〇六年には五〇軒以上にまで増えた。当時の山鵬村全体における一人あたりの平均収入が六千元であるのに対して、この集落の民宿における夏場のたった一カ月の収入だけでもそれを超えるようになった。集落の七〇％の農家が農地を貸し出し、労働力の四〇％が大都市や外国へ出稼ぎに行き、残りのほとんどが民宿や商店などを経営している(78)。そこで観光地である山の管理や掃除などの雑務は、集落の老人会が担うようになった。

国家規模の観光事業の風に乗る形で、政策を巧みに援用して実現した千年松の開発は、その開発過程において脱政治化した自然崇拝と民俗的伝統へと創りあげられていった。そして、その自然崇拝と民俗的伝統もまた不変なものではなく再構成され続けられるものである。村民らが観光開発において「売り出したイメージ」は、新たな未来へ向けて理想化された自己形成であり、「選択的、かつ解釈された存在」（太田好信　一九九八：七二）であった。このような千年松の観光開発は、政策を巧みに援用・活用することによって、山鵬村の文化や自然資源を地元主導で開発することに成功したのである。

このような開発のプロセスでもっとも主要な役割を担っていたのは村民委員であり、次節では、その村民委員と村民との関係について考察する。

4　政策意図の解釈と村の実践・承認

一　村民委員に対する承認の仕組み

生活を防衛・改善する過程において、国家による制度を援用して利益を得ようとする場合、山鵬村では、村民の意志を受けた「村民委員会」によって最終決定が行われている。このような自治のあり方は、二〇〇〇年の「組織法」によって制度化されたのだが、実はその以前から、一定の自治の仕組みが用意されていた。「組織法」以前は、集落ごとの会議での議論で決定がなされていたが、その場合でも、もめごとが起きそうな場合には無記名投票によって決められていた。

したがって、その決定においては、集落のリーダーが決定的な役割を果たしており、そのリーダーがどのような基準によって選ばれるかが、集落、および村の意思決定の基盤をなしていたことになる。

そこで、リーダーの選出基準について検討しておかねばならない。リーダーの選出過程については、その特徴的な点をすでに第三章で見てきたが、リーダー選出にあたっては、その経歴が重要である。例えば、村民委員らの多くは、早くからそれぞれの長所を発揮し、村に貢献してきた人びとであった。それが幹部にふさわしいと認められるための大前提であった。改革開放以前の多くの政策が否定的に認識される状況にあっても、その当時に村幹部を務めていた人びとが相変わらずリーダーとして尊敬されている点も特徴的である。リーダーとして承認されるうえでは、政策の変化などとは関係なく「村のために貢献できる」人であることが何よりも重視されていたのである。

例えば、前述のNさんは、一九五〇年に村で生まれ、小さいころから歌と踊りが上手で活発な性格の持ち主であった。小学校のときからすでにクラスの文芸委員を務め、仲間を率いて村民の前で演劇を披露することもあった。中学校に入ってからもこの行動的な性格は変わらず、卒業後には宣伝隊隊長、民兵[79]中隊長として活躍を続けた。山鵬村の「小さな有名人」として成長する過程は、結果として彼女にとっての無意識な「選挙活動」にほかならず、村民によってその資質が承認される過程であった。誰が山鵬村を代表して村の利益を守ることができるのかを考えることは、村民が自分たちのリーダーを選ぶときの常識である。当面の中国農村にとって「良い仕事」をするためには、行政との関係を調整する手腕がもっとも重視される。そのため、おのずからリーダーには、「社交的」な資質が求められる。したがって、村にふさわしいリーダーの選出には、書類などの資料に依拠した投票ではなく、個人の成長過程を全て見通したうえでの判断が重要なのである。村民によるリーダーとしての承認は、そのリーダーたちにもっともふさわしい役割を担わせる一方、そのリーダーたちの方でも、その役割を担うための修行を自身に課すことになる。Nさんが人民公社時代に二四歳で共産党に入ったことも、彼女にとっては、出世の一手段であったのかも知れない。少なくとも、共産党員という肩書きは、彼女が幹部コースを歩むこと、さらには巧みに世間を生きるうえで大いに役立つものであった。しかも、そうした彼女の活躍は、本人だけでなく山鵬村の利益にもつながった。

ただし、誤解のないように補足しておかねばならないことがある。村民に選ばれて幹部になると、その仕事ぶりや行いは、つねに村民のまなざしにさらされ、リーダーの独断専横などは生じにくいシステムが組み込まれているのである。

例えば、こういう事件があった。二〇〇四年ごろ、市のある観光開発会社が千年松の利用権を買い取って、自然公園として開発することを提言したことがある。観光開発をさらに大規模に行いたいと考えた委員会は、業者による山の利用権の買収に応じる意向を示し、具体的な金額を提示するところまでこぎつけた。ところが、それが頓挫する羽目になったのである。

会議で一連の出来事に関する報告を行った際に、新龍集落の老人会を中心とする村民の反対に直面したのである。老人会メンバーの一人であるP氏は、新龍集落の生成初期にそこに移住し、現在まで五代にわたってこの新龍集落に住み続けているP家の子孫として、委員会が土地買収の話を自分に相談もなく進めてきたことに、怒りをあらわにして、千年松は新龍集落を守り平和と豊作をもたらす聖なる木であるから手放すことはできないと異議を唱えたのである。その結果、計画は白紙に戻されることとなった(80)。

村民たちは、幹部候補者について、集落や隊といった委員会の下部組織における実績、そして外部との交渉術能力に長けているか否かを重要な基準として、選出する。それは、いわゆる「民主的選挙」といったものとは少々、異なる。資質を欠く人物の立候補を制限するようなメカニズムが働いている。村民たちはそのことについて、次のようにいう。「承認されていない人が立候補することはあり得ない」、「仮に立候補したとしても、みんなの笑いものだ(81)」。しかも、候補として選ばれた人たち相互間で話し合いができていたりもする。Nさんの能力なら村長の職務も十分担えると思われていたが、他の候補が男性であったために、婦人主任という職務に留まるという事前の「談合」があったのである。村民たちが、候補者のなかからリーダーを選出するという制度が要求する形式的なプロセスを受け入れながらも、実質的には、候補者を承認する村固有のプロセスを保持し続けている。だからこそ、臨機応変の村民委員会の判断が、村民によって、支持されることにもなる。

二　村基準における正当性

その後、新龍集落では人の流入が多くなるにつれ、観光客が残したごみの処理問題に悩むようになった。それまでボランティアで掃除を行っていた老人会[82]はそうした問題を村民委員会に不満をもち込み、相談を重ねた。その結果、老人会が独自で入場料をとることに決めた。老人会は山への通路を柵で囲んで入口を一ヶ所に限定し、そこに料金徴収場を設置した。入場料として一人あたり一元、老人会の二〇数人のメンバーが、当番制で観光客から徴収を始めた[83]。ただし、千年松とその周辺の保護・整備は自然愛護の団体および個人の寄付金でまかなわれており、入場料収入の年間約三万元は老人会の観光旅費、活動経費などに当てられている。

ちなみに、観光客という自然を楽しむ対象がよそ者だからという理由で入場料を徴収することは、法律の面からも倫理の面からも正当化しにくい。実際、新龍集落では、入場料を正当化する法的手段として自然公園の営業も検討したが、村民の力で、営業権、需要、税金、整備、などの支出と収入のバランスをとって収益を上げるのは困難という結論に至り、「わが村の山」を活かす道として、入場料徴収という形態を選択したのである。観光客が残したゴミの収集と千年松の虫害防止、および土壌流失で露出する根の保護などのために、つまり、千年松周辺環境維持費として入場料の徴収を合理化したのである。

ところが、環境維持費という名目では、法律的には正当化されず、法的手続きを踏まない料金徴収では、国家による統制規範に頼ることができない。そこで新龍集落は、国家の強制力とは別次元の社会的倫理に依拠した論法を創り出した。一元（一四円）という「良心的な値段」は、敬意をはらうべき老人会の人びとが、散らかったゴミの後片付けをしてくれていることに対して「申し訳なさ」を感じさせると同時に、自然を享受できるのは集落によるこれまでの自然保護の努力のおかげだということを改めて確認させる好機を与えることになる、というのである。そうしたことを考えれば異議申し立てが生じる額ではないと判断したわけである。ただし、そうした論法を支える明確な規定や基準があったわけではなく、経験的な勘、例えば、時代の「政治的空気」を読むのと同じように、大きな反発はないことを見越しての入場料の設定だったのである。

それに加えて、山鵬村内部においても正当化が必要となった。法律によって村全体が所有権をもっている山で、その利用が一集落によってなされることが承認されていたとしても、他の集落の老人会が細々と活動を維持しているのに、新龍集落の老人会だけが飛行機で国内旅行に出かけるとなると、不平・不満が生じるのも当然のことである。そして実際、入場料徴収当初には新龍集落の老人会を支持・応援していた他の集落の老人会が、新龍集落の観光開発による収益が大きくなるばかりか、行政が新龍集落を優先的に支援するようになると、不満をいうようになった。制度上は村全体の所有なのに、新龍集落だけが得をするのは許せないというのである。しかも、老人会が得ている収益は彼らが担っている千年松の管理を超えているのではないかなどと批判も出てきた。

それに対して、新龍集落の老人会はどのように対応したのか。例えば、新龍集落が慣習的に利用し、それを山鵬村全体が承認してきた山の千年松が観光資源になったのだからと正面からの反論が可能だったが、そうはしなかった。他の集落の老人会に毎年二回の活動支援、つまり、毎年の老人節と春節の宴会の費用にと二百元から三百元を差し入れして、不満を鎮めたのである。正面衝突を避け、村の雰囲気を読み取って利害調整を行ったのである。

このように新龍集落の観光開発の際における外部および内部における関係調整は、つねに変動する「空気を読む」ことによってなされ、その基準は衝突を回避する平和共存であった。自らが置かれている社会環境を読み込む能力、それは経験的に鍛えられてきたものなのだが、それを駆使することで、法律との対立や村内部の人間関係の崩壊を回避する智慧が発揮されているのである。

5　小結

もっぱら受動的存在と見なされてきた少数民族農村なのだが、実はそこにおける村民が主体となって推進されてきた観光開発の実態を見てきた。しかも、その観光開発は、たんに村民が主体となっているばかりか、そのプロセスとそれを支えるシステムの中には、「政治的空気を読み」、制度を巧みに援用して利益を獲得する村民の実践的な志向性が覗われた。少しでも豊かな生活をするために、村民は主体的に制度や政策に働きかけている。その際に、村の固有の慣習やルール、文化に加えて、長年にわたって鍛えられてきた政治の「空気を読む」能力やメディアを活用するなどの、生活実践を展開している。村および村民の生活において必要と判断した観光開発事業を展開していくためには、国家の政策などを自らの都合にあわせて変えたり、無視したり、解釈したりしながら、戦術的に利用する。それは、個々人の私的利益や幹部の腐敗的受益追求のための制度の悪用とは全く別ものである。

さらに、政策の援用・活用という生活実践の下敷きとなっているいくつかの基準も見出すことができた。その一つが、コミュニティのあり方である。陳情書のサインや原稿などの例からは、村の結束力がはなはだ強いことが見てとれる。この村落社会の結束力こそが、政治権力に対する際にもっとも有効なのである。その二は、委員と村民との相互依存関係である。委員の選出は、選ばれた個人の将来的な幹部への成長を準備する過程でもある。人材を育成する方法が慣習的に村民によって実践された結果でもある。このような関係は、権力体制に対する既存の認識や対応に新たな示唆を与えるものである。その三は、年長者の発言権が優先されることである。老人会の力に代表される年長者の影響力は、今日の村の存続および委員の育成を担ってきた歴史とそれに対する自負、そしてそれに対する村民の信頼の現れである。委員を含む村民は、個々の発言そのものの正当性よりも、むしろ、その発言者の長い生活経験からの結論だから正しいだろうという信憑、そして信頼感のほうに重きを置く。その四は、相互協調を保とうとする志向である。外部との関係調整に限らず村内部においても、つねに争いを事前に収める処理を試みている。そしてそのとこそが、政策の意識的・無意識的な援用や活用、さらには、政治その他の「空気を読む」必要性、そしてその能力を村と村民に与えてきた。

本章では、国の諸制度に拘束されざるを得ない村が、いかにそれらの狭間で政治的な空気を読み込む力を駆使し、政策や制度の戦術的利用を図ってきたかを論じてきた。村が開かれて以来、政治状況がめまぐるしく変化するなかで、村民はその土地で生き続けるために、絶えず国家との関係を捉え直す必要に迫られてきた。ときには、国家を含む外部からの耐えがたい圧力を受けながら、工夫を凝らして玉砕を避けつつ巧みに生活を維持してきた。構造的に下層であるばかりか、民族的にも周辺人として生きることを強いられてきた少数民族農村が、自らの主導によって観光開発を成功させたことは、従来はもっぱら否定的、悲観的に見られてきた農民、そして農村にも、明るい未来の可能性があることを示唆している。それはまた、国家による政策立案や制度設計に対して、周辺、そして下層からでも、改善を促すことができる可能性の展望へと開かれている。

注

(67) 一九八〇年代に鄧小平によって打ち出された改革開放政策の基本理念の一つである。条件が整った一部の人や地域から豊かになり、その波及効果でそのほかの人と地域を助け、全体が豊かになるということである。

(68) 三農観光とは、所得格差の急速な拡大を背景に、観光商品としての農業観光、観光区域としての農村観光、観光市場としての農村住民観光である（王　二〇〇八：八一）。二〇〇一年には「西部大開発」が始まる。西部大開発とは、経済、社会発展を制約する要素を克服し、さまざまな資源を生かすことで、農村貧困地域と少数民族の地域発展を支援することであった。

(69) 千年松は一九九六年ごろに付けられた名称で、それ以前は普通に松と呼んでいた。本来四本あったが一九五七年の洪水で一本が倒れて、三本の松となった。

(70) 山鵬村に所有権がある山に関して、世帯単位の利用を廃止して、旧来の形に戻すということになれば、理屈上は、山鵬村の共同利用に戻すことを意味する。しかし、集落が形成されて以来、山には明確な境界線はなくても集落ごとに範囲を決めて利用できるという暗黙の掟があったのである。一九四七年の土地改革と一九八三年の農村土地承包法の実施による世帯数に応じた平均分配もまた、山鵬村範囲におけるものではなく、集落範囲における平均なのであった。そのため、人口が多いのに利用できる土地が少ない新龍集落は、他の集落に比べ利用権をもつ土地面積が少ないことになる。

(71) 古くからの共産党員であること。

(72) 主な根拠は、村民委員のNさんや元党書記（七〇代後半の男性）に対する聞き取り調査と村民委員会の残存資料である。

(73) 生活の利便と向上を図る目的で、村および個人が政府に対して陳情という形で要請する権利を確保した。「信訪条例」とは、各級人民政府と人民の密接な関係保持のために、「信訪」する人の合法的権益を保護し、「信訪」秩序を維持することを目的に制定された条例である。信訪とは公民が法人あるいはその他の組織を採用し、書信、電話、訪問などの形式で、各級人民政府、県級以上各級人民政府所属部門（以下、「簡略各級行政機関」という）に状況を報告、意見を提出し、要求するといった、法に基づいて関係行政機関が処理すべき活動であると規定されている。この規定は、一九九五年一一月一日付けで全国版新聞である人民日報で通知され、一九九六年一月一日から効力を発揮すると明文化されている。

(74) 一九三三年生まれの男性で、新龍集落で一九四〇年代に中学校に通った唯一の人で、地方新聞に簡単な記事を書いたこともあるとされている人である。

(75) 一九五二年生まれの歌と踊りに長けた男性で、山鵬村で中学校を卒業し、村の小学校の音楽講師になって以来、村史にも関心をもち調査をしている人である。

(76) 翼が空に広がる雲のように大きな鳥で、一飛びが九万里に達するという伝説中の生き物である。
(77) 伝説のなかで、天子が出現したときに使用したとされる大きなシルクの傘で儀仗の一つであった。
(78) 新龍村における聞き取りと筆者による現地統計に基づく。
(79) 生産に従事する大衆の武装組織で、改革開放前の人民公社時期における村組織の一つであった。
(80) P氏とNさんへの聞き取り調査と参与観察に基づく。
(81) 老人たちの食事会への参与観察と山鵬村の若者とのふれあいによって得たデータである。
(82) 新龍集落の老人会は五〇代後半から八〇代までの約三〇人で構成され、その三分の二が女性である。入会の条件は特になく、六〇歳前後になると自主的に参加している。
(83) 二〇一〇年ごろから一人二元に値上げしている。物価が高騰して、環境維持費なども従来よりもかさむというのがその理由であった。

第五章　国境を越えた労働移動にともなう村落における「留守」システム

1　労働移動における戸籍制度の二面性

本章では、国境を越えて労働移動した朝鮮族農民と出身村の人びととが、相互の問題解決と生活の向上のために協力し合って創出してきた仕組みを明らかにする。なかでも、従来は農民と村にとって不利であった戸籍制度を読み替えることによって逆に活用し、自らは農耕に使わなくなった村の土地を転貸・利用するなどの「留守」システムとでも呼ぶべきものに焦点をあてる。「留守」システムとは、移動による変化がもたらす悪影響を最小限に食い止めるために、長年にわたって対面的関係によって維持されてきた村の構造にさまざまな変更を加えることによって、村の安寧・秩序を維持するとともに、流出者と村に残された人びとの生活を成り立たせるシステムを指す。

中国は、一九五一年に「都市戸籍管理暫定施行条例」により都市戸籍を、一九五八年には「中華人民共和国戸籍登録条例」により農村戸籍を統括した。これを契機に、都市戸籍者のみに食糧や副食品などの配給を始め、農村戸籍の都市戸籍への転籍を厳しく制限するばかりか、単なる移動までも厳しい統制下においた。一九七八年まで、八億の中国農民は都市への流入を厳しく制限され、食糧難など数々の困難を経験してきた（陸　二〇〇八）。

一九七八年の改革開放以降、計画経済から市場経済へと経済体制が大きく転換した初期段階においては、農村労働力が非農業分野に就労する手立ては、郷鎮企業を通じる以外にはほとんどなく、「土を離れても故郷を離れず、工場入りしても都市入りせず」といった中国特有の都市化が進行した（李　二〇〇八）。しかしともかくこれによって、それまで閉鎖状態にあった農村では、農村で農業に従事する生活形態から、農村で非農業に従事する郷（鎮）範囲内の移動が現れた。

次いで一九八四年ごろになると、郷鎮企業の経営者や従業員を想定した「農民の鎮戸籍取得問題に関する公示」が公布され、鎮における食糧入手を自己負担とするという条件づきで食糧自弁戸籍が認められるなど、農村人口の移動の制限が緩和された。

さらに一九八五年には「都市暫定人口管理暫定規定」が公安部から公布され、農民労働者の都市における「暫定戸籍」が認められるようになった。それ以降、農村労働力の出稼ぎ規模は年々増加し、ついには農民工[84]というきわめて現代中国的な概念を生み出すまでに至った。

二〇〇四年時点で出稼ぎ農民工数は一・二億人と推定され、それが社会問題[85]として注目されるようになった（中国農民工問題研究総括　二〇〇六）。農村戸籍と都市戸籍という二元的戸籍制度によって形成された社会構造が、公正で合理的な社会流動を妨げ、社会的資源分配に大きなひずみが生じるなどの問題をもたらしていることが広く認識されるようになったのである（周　二〇〇八）。

以上のように戸籍制度は多くの弊害をもたらし、当然のごとくそうした否定的側面に焦点があてられがちなのである。しかし、その一方でその戸籍制度は、農民工がホームランドにおいて、自らの社会的帰属や土地利用権を確保するもっとも重要な法的根拠という側面も備えている。戸籍制度が土地利用権と密接な関係があるからこそ、農民工は、農村から都市へ移動し、かつ長期滞在する過程で、差別の要因である戸籍制度の不備を指摘する一方で、村における自らの土地を他人に転貸して多少の利益をあげると同時に権利を確保している、だからこそ容易に土地を手放さず、農地の所有意識が強まってさえいるのである（石田　二〇〇三：一〇七）。

つまり、戸籍制度は移動する農民にとって、移動先の都市における構造的差別の原因であると同時に、出身農村の土地利用権保持の法的根拠であるという二面性を備えている。移動する農民および残留農民がそうした二面性、もしくは矛盾を主体的に調整、乗り越えようとする過程で創出・実践してきたのが、村における「留守」システムを中核とした生活防衛の仕組みである。本章では特に、中国東北地域の朝鮮族村から海外に越境する農民の労働移動にまつわる「留守」システムの実態と意味を明らかにする。

それに先立って、越境する朝鮮族農民とその村を対象に議論を進める理由を明らかにしておきたい。それはまず、中国から越境する農民集団として朝鮮族農民が際立っているからである。第二には、村民の国際移動が残された村に及ぼす影響の問題である。国際移動は国内移動よりもはるかに高い収益を見込んでなされるが、そうした国際移動が、国内移動の場合と比べて農民工にどのような差異をもたらすのか、とりわけ彼らのホームランドの土地利用にどのような差異が生じるのか、それを明らかにする基盤が提供される可能性があるからである。最後に、移動先における問題である。農民工はその子弟も含めて、国内の都市の下層労働力として働くことを余儀なくされ、しかも、都市における最低限の生活や教育からも排除されている（根橋　二〇〇九：一八五）。他方、越境農民も外国において、国内における戸籍制度に代わる国籍の差異によって排除される対象である。このように、国外移動、国内移動が農民工にもたらす状況には、国内外という差異にもかかわらず、一定の同質性がある。そうした理由から朝鮮族農村を取り上げ、移動にともなう「留守」システムを明らかにしようとするのである。

2　農民工に関する諸研究

戸籍制度が農民工にもたらす意味を検討するに先立って、農民工に関する先行研究を便宜的に三つの潮流に大別して概観する。第一は、出稼ぎ現象の発生要因の問題であり、第二は、出稼ぎ先における農民工に対する構造的差別問題と出稼ぎが農村に及ぼす影響であり、第三に、出稼ぎ農民工の今後の行方の問題である。

第一の観点は農民工の農村からの流出のプッシュ要因にかかわっており、農村の余剰労働力問題や地方間格差が、その基本的要因とされる（厳　一九九七）。それは一般に想定されがちな「貧困ゆえの没落→都市への流動」では必ずしもない。貧困に苦しむ内陸農村においてでさえも、出稼ぎは所得増大や家計の補完のためであることに加えて、出稼ぎ労働者本人の技能の向上、さらには所得格差の軽減・解消を求めて都市への流動が生じている（大島　一九九六：一六八）。

第二の観点の都市農民工に対する構造的差別についていえば、農民工は都市の正式戸籍をもたないため、都市の正式住民の外側に排斥されているとされる（李　二〇〇四：一二五）。その一方で、農民の流出が農村に及ぼす影響としては、出稼ぎによる現金収入が、経済格差に対する農民の不満を和らげ、農村余剰労働力を段階的に都市へシフトさせ、最終的に内陸農村を自然死させつつあるとされる（石田　二〇〇三：二四六）。

第三の観点、つまり出稼ぎ労働者の今後の行方については、流動人口中の約二割に及ぶ農村人口が「挙家」（家族と同居世帯）で都市に定着しつつあることが明らかになる一方で（大島・西野　二〇〇七：九九）、現行の「戸口制度」（戸籍制度）によって、一部は都市地域に残留するものの、大部分は帰郷を余儀なくされるというのが実態である。その結果、彼らが出稼ぎによって得た経済力および技術・情報を活用することで、出身地域の経済発展に貢献する可能性を秘めているといった、肯定的側面も指摘されている（西野　二〇〇〇：一一八）。戸籍制度は弊害の裏面で、農村社会にプラス効果をもたらしうる二面性を備えている、といった柔軟で現実的な視点である。

以上についてさらに立ち入り、併せて本章の課題を詳細に明らかにしておこう。農民工が戸籍制度による構造的差別に苦しんできたことについては、さらに言葉を費やす必要はないが、農民工とホームランドとの関係については、家族レベルと村レベルといったように、二つのレベルを分離して考える必要があるように思われる。まず、家族関係においては、出稼ぎ家族と残留家族との間では送金を介して経済的紐帯が継続される（西野　二〇〇〇：四）。しかしその一方で、都市と農村の二元的社会構造下にある中国においては、農民工の親が子どもを帯同できないために生じる農村における子どもの「留守児童」(86)問題、「中国的離婚」(87)や「空巣老人」（留守老人）人口の増大などが農村家族と農村社会の解体を進行させるという議論がある（張　二〇〇八）。次に、本章で特に注目する村レベルにおける問題がある。零細経営が多い内陸農村の農業は基本的に自家食糧生産となり、農家が豊かになるためには農業以外の職に就労を余儀なくされる。その結果、耕地の荒廃化、高齢化問題、学校の統廃合、村運営に必須の経費の集金の困難や滞納、さらには村民委員会選挙における投票率の低下など、村の運営・管理を困難にしている（石田　二〇〇三：六九・一〇七・一四三）といったように数々の問題点の指摘がなされ、農民が流出した結果としての村の問題がある程度は的確に捉えられている。

しかし、その「的確さ」は一面的で、もっぱら「受動的な農民」と「受動的な村」に焦点をあてることによって得られた的確さである。主体的に生活を切り開こうとしている出稼ぎ農民工と、その出身村の生活戦略への視点が希薄なのである。そこで、本章では、出稼ぎしながらも村の土地の利用権保持を追求している村民と村の視点に立って、考察・分析を行う。具体的には、これまでの章と同様、延辺朝鮮族自治州の州政府機関が置かれている延吉市の郊外に位置している山鵬村を事例として、国内よりはるかに高い所得を望める国外へ移動移住する農民たちが、村に残した農地や、村の高齢化問題および学校の統廃合にどのように対処しているのか、その実態を明らかにしながら考察を加えたい。

その際に、農民工に関連する先行研究がはらむ以下のような問題点に特に留意して、先行研究を真に生かす道を探りたい。第一に、地方から都市への移動農民に関して、その移動形態の多様性や移動農民層の分解といった側面に充分な検討がされてこなかった点である。第二に、移動先である都市における構造的差別や都市と農村のマクロな構造分析に論点が集中するあまり、移動先とホームランド（本籍地）の双方を視野に取り込んだ分析が欠けていた点である。第三に、二元的社会構造に関するマクロな社会的・制度的分析に焦点をあててきた結果、もっぱら受動的な農民像を描く傾向があった。こうした問題点に対して、本章では移動当事者の立場に寄り添うように努めることで、移動先とホームランドとで矛盾している戸籍制度に苦しみながらも、彼ら彼女らがその制度を逆に主体的に活用して生存条件の改善に努める過程、つまりは彼ら彼女らの生活の戦略を明らかにする。

3　朝鮮族の移動

一九八五年ごろから始まった初期の移動形態は、農村から大都市への移動である。国境を越える移動が現れたのは、当時、アジアの「四つの竜」(88)と呼ばれ、経済発展を誇っていた韓国と中国の国交正常化が実現された一九九二年以降である。朝鮮半島を出自とする朝鮮族の多くは韓国に親戚をもち、そうした関係を利用して親戚訪問名目で韓国への出稼ぎを始め、その後、労務輸出（労務合作）、研修などと形態を変えながらその数が加速度的に増大して今日に至っている。現在、中国朝鮮族は従来の集住地であった中国東北部から国内沿海地方や海外へと大量に移動し[89]、かつてない激動と転換の只中にある（中国朝鮮族研究会編　二〇〇六）。

二〇一〇年時点での韓国における中国朝鮮族滞在者は、密入国者を除いてもなお、三六万六千人以上と膨れ上がっている[90]。これは安価な労働力を大量かつ安定的に求める韓国産業界のニーズに応えたものであり、必然的に韓国社会において、彼ら彼女らは差別的で不安定な地位に追いやられ[91]（鄭　二〇〇八）、工業、建築業、飲食業に従事[92]することを強いられている中国国内の農民工のそれと（全国農業年鑑　二〇〇六）類似する側面が多々ある。韓国におけるそうした厳しい現実に遭遇した出稼ぎ農民たちは、「同族」という幻想から目覚め、「中国朝鮮族」という自己主張と自己認識をしだいに強くし、朝鮮族の社会的ネットワークによる相互扶助を形成（佐々木　二〇〇七、李　二〇〇六、白　二〇〇六）し、さらには漢文化といった文化資源などの積極的活用などによって（李　二〇〇六）、自らの生活を切り開いてきた。

しかしながら、そうした変化はやはり、否定的な側面をともなわずにはおかない。なるほど若い労働人口が農村から中国各地の大都市や韓国へ移住し、都市部に新しい朝鮮族コミュニティが生まれているが、その一方で、伝統的な村落共同体が急速に崩れ、人口減少と民族的アイデンティティという深刻な徴候が現れ始めているとされる（クォン　二〇〇七）。移動者とホームランドとの関係については、村に残った親族への送金（李　二〇〇九、金　二〇〇七）といった形、あるいは残された家族全員も後を追って移住するケースが増えている（韓　二〇〇一）といったように、もっぱら家族関係の文脈で言及される傾向が強く、その結果、村落共同体の崩壊というきわめて否定的な評価が色濃くなりがちである。人口流出によって生じているはずの村社会の構造変化の内実に対する視点が希薄で、もっぱら家族関係に限って「留守」が取り上げられてきた必然的な結果といわねばならない。

しかしながら、それはきわめて一面的な評価といわざるを得ない。先に指摘したように、越境移住者の多くが出稼ぎ先の差別的で不安定な状況に置かれてはいても、中国朝鮮族という自己主張と自己認識、相互扶助、漢文化の活用といった生活の戦略を実践して雄々しく生きると同時に、残された村とも恒常的関係を維持している。他方、その村自体も状況変化に対応する実践を行っている。そうした移動した人びとと村とが手を携えて実践している生活の戦略に目を向けると浮かび上がってくるのが、移動した人びとと残された村とが共同して作り上げてきた「留守」システムなのである。

4 移動の要因と到達点

一九四七年から一九五六年までの山鵬村では、その住民の大半が私的所有を認められた土地で農業生活に従事していた。そしてその後も自主的生産や移動が厳しく制限され、一九七八年の改革開放までにそこから脱出することができたのは、大学に進学した二人だけである。当時、この二人の進学は村をあげての祝い事であった。そのほかにも、解放軍への志願や都市戸籍をもつ男性との結婚などによって都市への移動を目指した村民たちが多くいたが、それが実現に至ったケースは皆無である。

一九八四年には戸籍制度の緩和が始まって状況が少しは好転した。しかし、その対象は、都市で家屋を購入して固定住所がある者、工業、商業、サービス業を営む者などに限定されていた。要するに都市化の進展の過程で、都市労働力の需要や都市建設規格に必要な都市人口数などを勘案して制御された緩和にすぎず、改革開放以前の農村および農民が都市や工業建設のために「運命を左右され、犠牲を払ってきた」状況が改善されたわけではなかったのである。

一方、土地承包法によって三〇年間の土地の利用権が認められたが、一九四九年以来絶え間なく繰り返されてきた制度改正とも相まって、人びとが三〇年後の将来を見通せる状況になったわけではない。さらに、一世帯が利用できる土地面積によってその家族の生計を保障できるものかどうかが考慮されたものではなく、むしろ三〇年間の利用権と引き換えに、農民に過大な自己責任が要求されることになった。そうした状況のなかで農民たちは生き延びるために出稼ぎを強いられ、外地にいながら離れた村との関係を維持し、そこにある土地を有効活用するために、土地の利用権を手放さず、留守中は土地を貸して管理を依頼する「留守」システムを考案し、実践するようになった。

以上のことは、改革開放前の山鵬村において農村脱出を成し遂げたLさん（一九五九年大学入学）と、改革開放以後に農村を脱出したCさん（一九九三年大学入学）の比較をつうじて、きわめて具体的に理解することが可能である。[93] 一九三九年生まれのLさんと一九七三年生まれのCさんは、その世代差にもかかわらず学歴が酷似している。ともに実家から村の小学校に通い、一四歳から都市で下宿生活をしながら中学校と高校に通った。小学校では親に促されるまま勉強に励むが、中学校と高校では農村と都市間の食糧配給や医療にまつわる差別を実感し、農村から脱出したいと強く思うようになり大学に進学することを決意した。ただし、一三歳で父親を亡くしたLさんの場合、中学校から大学までの費用の大半は、村が発行する貧困証明書によって支給される国家からの「助学金」[94]に頼っていたのに対して、Cさんの場合は親の出稼ぎ収入のおかげという違いがあった。

Cさんの親は自らが達成できなかった農村脱出の夢の実現を子供たちに託し、そのために一九九〇年から出稼ぎを始めた。Cさんは、上の兄（一九六七年生まれ）が大学受験を三度失敗したとき、三日間も泣き続けていた母親の様子が忘れられないという。次男（一九六九年生まれ）も大学を受験したが不合格となり、三人兄妹の末妹であるCさんだけが二度目の受験で大学合格を果たし、卒業後には中学校教師になるに至った。Cさんの親は「脱農民」の夢を果たせなかった二人の息子のために、二〇〇三年に自らが韓国国籍を取得して、二人の息子が韓国に出稼ぎに出る道筋をつけた。そして長男と二男夫婦が韓国へ出稼ぎに出ると、自らは二〇〇六年に中国に戻り、現在は孫と市内のマンションで暮らしている。その孫に対する期待も、Cさんの場合と同様に大学に進学して国家公務員のような職業につくことであり、孫にはつねに「進学できないと『人間の足元にも及ばない』農村生活を送ることになる。親のように韓国に行っても他人の差別を受けながら生きていかなければならない」と戒めると同時に励ましている。進学しない場合の選択肢は上述の二つに限られてしまい、そのどちらを選んでも厳しい生活が待っていることを強調しているのである。二人の息子も出稼ぎで稼いだ資金で市内にマンションを構え、そのおかげで都市戸籍への転籍が可能となったが、依然として農村戸籍を保持することによって、土地の利用権を確保したうえで、その農地を貸出ししている。

Lさんは、農村に対する差別から抜け出すために、同級生などまわりの目を気にしながらも、国家の助成金に頼って中高と師範大学に通い、卒業後は中学校に職を得た。これに対して、Cさんの事例は、改革開放以後もなお、農村に対する不公平や差別は改善されないどころか、押し付けられる自己責任はむしろ肥大化している、と出稼ぎ農民たちが認識していることが分かる。Cさん家族は村でももっとも韓国への出稼ぎの「恩恵」を享受したと見做されており、Cさん家族の到達点は多くの出稼ぎ村民の目標でもある。つまり、韓国への出稼ぎ村民にとって到達可能と目された目標は、第一に、国家公務員のような社会的安定階層に参入する「脱農民」の夢の実現を子供世代に託し、そのための環境を提供すること、第二に、第一の目標が実現できなかった場合には、都市生活を手に入れる「脱農村」を目指しつつも、農村戸籍は保有し続けることなのである。

このような出稼ぎ農民の目標を確認したうえで、以下では、この目標のために創出された「留守」システムの内実を検討することにする。

5　「留守」の見直し

一　出稼ぎによる村の変化

留守とは、今さらいうまでもなく、主人や家人が外出している間に、その家を守ることである。そこで、出稼ぎによる留守に関しても、出稼ぎ者と残留家族との家族関係に焦点をあてて言及されるのが一般的である。例えば、出稼ぎに出た女性が韓国で定着後、夫や他の家族を呼び寄せる一方、老人や子供だけが村に残された結果、農地が荒廃したり、子供の成育に悪影響を与えたり、老人の介護などに支障をきたしているというのが議論の大半を占めてきたのである。しかし、若い出稼ぎ人口の流出は、耕地や役割分担などの村構造にも大きな変化をもたらしているという事情を考慮に入れると、家族関係を超える村レベルにおいて、出稼ぎ者と残留村民の関係、つまり「留守」システムが問われなくてはならない。

移動の自由化はなるほど農民に一定の自由と可能性を与えたが、その一方で、農民は生産や生産手段はもちろん、老後や医療などの社会保障においても、従来と比べればはるかに肥大した自己責任を強いられ、それが村落の崩壊の危機として言及されているのだが、そうした村の変化を具体的に追ってみることにする。

まず、少数民族農村に特有である言語問題を取り上げて、それに象徴される村の雰囲気の変化を確認したい。一九九〇年ごろまで、山鵬村における人口流動は少なく、村を訪れるのはほとんど村民の親戚か知人に限られていた。しかし、今ではすっかり様変わりしてしまい、村で全く見知らぬ人に出会ったり漢語の会話が飛び交ったりすることが常態化している。「本村人（村に戸籍をもっている人）」がこれに不安を感じないはずはない。特に、高齢者は閉鎖的な農村生活のなかで、朝鮮語だけで日常生活を送ってきており、漢語に不慣れである。そういうこともあって、一九六〇年代に山東省から村に移住してきた漢族の二世、三世は朝鮮語を自然に身に付け、流暢な朝鮮語を話すようになっている。したがって、現在の村で漢語でしかコミュニケーションがとれない人は、ほぼ間違いなく「よそ者」であり、漢語に長けてない村の朝鮮族（特に高齢者）は、他民族の「よそ者」の流入を不安に思っている。

次に、出稼ぎとの関連で、村の民族、戸籍、出稼ぎ、老人関連、学校関連の状況を概観する。二〇〇五年に筆者が行った新龍集落（山鵬村の集落）での調査によると、一八五名五四世帯のなかで、退職後の都市戸籍所有世帯が三世帯、朝鮮族以外の民族八世帯、朝鮮族の農村戸籍が四三世帯であった。朝鮮族世帯のなかで、二三世帯は韓国、六世帯が大都市への出稼ぎ者をもっており、二九世帯が利用権を保持する耕地を転貸している。そのほか、商業などを兼ねている世帯もあり、農業収入だけで生活している朝鮮族農家は四世帯だけであった。また、朝鮮族の一三世帯が七〇代（一四名）と八〇代（二名）の老人を抱えていた。さらに、二〇〇九年には児童の人数が確保できないために村の小学校が閉鎖に追い込まれ、一九名の児童は市内の小学校に編入した。

以上のような出稼ぎ人口の増加の結果として、村において生じた①村への他民族の増加と耕地の転貸、②高齢化問題、③学校の統廃合問題など、さらに具体的かつ詳細に考察することによって、通説では見逃されてきた村の実態を明らかにしたい。

二　土地経営と仲介ビジネス

まずは、村への他民族の流入と耕地の転貸について考える。「本村人」である朝鮮族の労働人口流出が続く山鵬村において、農業だけで生計を立てている農家は一割にも満たない。大都市や外国で仕事をしたほうが大きな収益を上げることが可能だから、多くの人が村を離れる。しかし、彼ら彼女らは村を捨てるのではなく、村を「留守」にしているにすぎず、当然のごとく留守にまつわるさまざまな工夫を行っている。

例えば、「本村人」が少ないから、村に保有している土地の転貸先としては、「外地人（よそ者）」のほかにないのだが、その際に残留家族や残留「本村人」に監督責任を委託し、つねに連絡を取り合っている。新龍集落での調査によると、韓国へ出稼ぎに行っている二三世帯のなかで、一五世帯は残った家族が農業あるいは商業に従事し、八世帯がもっぱら出稼ぎ収入に依存して生計をたてている。そのうち、一世帯は五人家族のうち韓国と大都市への出稼ぎ家族が三名、ほかの七世帯は高齢者、幼児、病人などの留守家族を抱えており、実質的に農業が不可能である。

そうした状況を受けて、韓国への出稼ぎから帰郷した四〇代後半のＪ氏は、二〇〇五年ごろから転貸の仲介を始めた。Ｊ氏は、十数世帯に及ぶ「本村人」から土地を預かり、「よそ者」に貸し出している。人びとがＪ氏に土地転貸業務を委託するのは、村で育ったＪ氏を子供のときから知っているという安心感と信頼の故である。Ｊ氏は義理深く、人脈と、交渉能力に優れ、そのうえ、韓国への出稼ぎ経験もあるので、「よそ者」との予期せぬトラブルにもうまく対処できるという信頼を得ているのである。見ず知らずの者に土地を貸し出すことにともなうトラブルの心配をしたり、長期にわたって親類や知人に委託して迷惑をかけるより、手数料を支払ってでもＪ氏に依頼したほうが安心であり、気楽なのである。Ｊ氏は、一ムー（六六六・七㎡）あたり一五〇〜二〇〇元／年で村民から預かった耕作地を、一ムーあたり三〇~五〇元／年上乗せして貸し出し、その差額が収益になっている[95]。行政手続き上は、土地利用権をもっている村民が農作を続けていることになっており、国家から支給される農業補助金（一ムーあたり三〇元くらい）は、土地利用権の所有者である村民が受け取ることになる。転貸の契約期間は一般的に一年、長くても二年となっている。土地を借りた者の居座りを防ぐために、長期契約にしないという暗黙のルールが形成され、村民と仲介人、仲介人と「よそ者」とのいずれの関係においても厳格に守られている[96]。

Aさん（一九四六年生まれ・女性）家族は、二〇代の長女が韓国人と結婚して韓国籍をとったことを契機に、一九九〇年ごろから出稼ぎを始め十数年間にわたって耕地の転貸を続けている。Aさんは二〇〇五年に体調不良をきっかけに、夫と息子を韓国に残して一人帰国したが、村には戻らず都市でマンションを購入して暮らしている。都市に居住するAさんは、耕地ばかりか家屋も貸出しており、一年に一回、仲介人を通して耕地の貸借契約を結ぶほか、気が向いたときに家屋の補修状況を確認しに立ち寄ったりする。Aさんの親兄弟五人の家族が同じ村で生活しているが、「兄弟、親戚がいても、よくわからないよそ者に農地を転貸する場合は、やはりJ氏に任したほうが、親戚との貸し借りにまつわる煩わしさが少なく、よそ者との間にトラブルが生じても安心できる」と話した。彼女の家族にとって、出稼ぎで得る収入に比べて土地経営で得る収入は微々たるものであるが、農村戸籍を放棄しないのは次のような理由による。「今の都市戸籍は、以前（人民公社時代）のように待遇がよいものではない。以前は配給があったり、福祉で優遇されたりした。しかし、今は優遇されるとしても国家幹部（公務員など）だけで、都市戸籍をもったとしても何の得にもならない。それに比べたら、農村戸籍をもっていたほうが土地の利用権があるし、身分もあるし……」という。つまり、都市で日常生活を行う「脱農村」と、農村戸籍を放棄する「脱農民」とを分けて考え、前者に利益を見出し、それを実践しているのである。彼女がいう「身分がある」というのは、同じ民族であるにもかかわらず韓国で外国人として見られることへの抵抗として、自分の居場所はやはり生まれ育った村であることを再確認し、社会的帰属とするわけである。要するに、自分はあくまで中国公民であるという自己主張がそこには含まれており、韓国は単に仕事の場と割り切っているのである。(97)

土地の転貸の際に、「本村人」と仲介人、仲介人と「よそ者」との間に交わされる契約は、法律的効力をもたない個人的な約束の域を出ない。だからこそ、貸し手と借り手とが定期的にその「約束」を確認する必要がある。契約期間は長くて二年とし、その確認はいわば関係の再定位の機会となっている。こうしたいわば関係の再定位は、戸籍制度の流用が本来的にはらむ法的根拠の脆弱さを補完する意味で重要な意味をもっている。以上のように、村民たちは戸籍制度の「流用」によって利益を上げ、生活向上を目指しているのだが、その一方では、戸籍制度の厳しい運用という形で生活防衛もしている。移動人口が増加するなかで、村への転籍は厳しく制限されているのである。例えば、嫁いでくる人の村への入籍にも集落全員の同意が必要となっている。何故かといえば、移入者に土地を割りあてるためには、村民全員が少しずつ土地を譲らなければならなくなるので、土地経営をすでに行っている村民の同意を得ることは難しいからである。それにまた、次のような論理的根拠も援用される。嫁いでくる人も従来の戸籍地において、すでに土地を請け負っていたはずなのである。つまり、土地承包法は中国農村全土で実施され、村に流入する「よそ者」といえども、この法により本籍地で土地の利用権を獲得しており、ふたたび土地分配を求める権利はない、ということになる。以上のように、村民委員と村民にとって、土地利用権の分配と確保における戸籍制度の効力は増しており、土地の利用権と密接に関連した戸籍人口を基盤にする村運営は、村の戸籍変動によって起こりうる土地利用をめぐるもめごとを回避するために、戸籍を担当する市の戸籍管理局をつうじて村への入籍を制限している。(98)その結果、近年では「本村人」から生まれる子供でさえも都市戸籍に入籍させているほどなのである。

村民は出稼ぎによって経済的収益を増大させるだけでなく、こうした「留守」システムによっても村民の生活を防衛すると同時に将来の生活設計に資しているのである。戸籍制度の流用を基盤に、市場経済におけるビジネスモデルである土地運用を実践し、帰郷後の目標とするライフスタイルに活用しようとしているのである。

三　高齢化と老人会の対処

次に、出稼ぎによって増加が想定される留守老人の状況を具体的に辿ってみる。新龍集落の調査によると、八〇代の高齢者のうち、漢族の一名が一人暮らしをしているほか、朝鮮族の二名はそれぞれ四人、そして五人の家族と同居している。七〇代の老人も、老夫婦二人だけで暮らしているのは漢族の一世帯だけで、一六名の朝鮮族老人は三〇代から五〇代の他の家族と同居している。しかも、残された老人の世話のために、五〇代の夫婦二人が韓国から帰郷している事例も見られる。つまり、出稼ぎが一般的に思われているほどには留守老人の増加を意味しないこと、さらには、そうした状況が、漢族と比べて高齢者の一人暮らしを否定的に考える朝鮮族の村社会の慣習通念、倫理がもたらしていることを示唆する。

以上のことを集落の老人会を通して確認してみる。老人会は各集落にあり、会長や会計などの役職が老人会の会議で決まる。正式な入・退会の申請や手続きはなく、基本的に六〇歳以上の老人の会というイメージはあるが、五〇代後半で「孫が生まれたから私もおばあさんになった」ということで集会や活動に参加する人もいる。つまり活動への参加は個人の自主性に任され、主に七〇代前半までの老人たちが活躍している。そして、出稼ぎで多くの労働人口が集落を離れている状況において、老人会は集落運営の重要な担い手となっている。

老人会は、老人各人の健康状況に見合った役割分担を行っている。例えば、市や鎮の民族節などで集団舞踊を披露する場合、集落を代表して老人会が参加するが、練習と本番をこなすにはかなりの体力が必要である。そこで、主に六〇代の老人たちが担い手となるのだが、人が足りない場合は五〇代の老人候補者や七〇代の元気なメンバーに呼びかける。自分の健康状況によっては断る老人もいるが、こうした呼びかけには踊りへの参加可否の確認以外にも大切な機能がある。例えば、「去年までは踊りができたのに、今年は腰の具合が悪く踊れない」といったいわば、「健康診断」結果が他のメンバーに周知される。そのほか、老人会は、村民委員会と共同で「千年松」という観光資源を開発し、その観光地への入場料金の徴収を始めたが、老人会はこの役割を、激しい踊りはできないけれども椅子に座って料金を徴収することくらいはできる老人たちに当番制で任した。このように、老人会の役割分担やその変更自体が集落の老人たちの健康状況の指標になっており、そうした情報が集落全体で共有されている。

また、老人会の集会や活動の後にはいつも宴会が用意され、民族料理が振る舞われるばかりか、宴席に出席できない高齢者の場合には、自宅へ配達する慣行を維持している。この慣行は、老人会のメンバーシップを確認するとともに、高齢者の近況が老人会を中心とした集落の人びとに周知される機会でもある。しかも、そうした継続的な関係保持の努力は、高齢者が同居する家族に冷遇されたりしている場合には、それを住民がいち早く察知し、老人を擁護する世論を呼び起こす契機ともなる。問題が深刻である場合には、老人会の会長や村民委員がその家庭に介入することもある。

このような老人会の働きは出稼ぎ人口の増加とともに顕著になっており、村民委員会との連携も強化されている。村民委員会は、村の老人会の慣習的な「健康診断」システムだけでは、緊急時の対応には不充分であると考え、日常救助情報欄を作り、高齢者や病人の氏名、連絡人電話番号、病名、かかりつけの病院などの情報を公開している。こうすることで、集落からの緊急対応を求める連絡があった場合には、村民委員だけでなく、残留村民の誰もが対処できるようにしている。出稼ぎによって若者人口が少なくなっている現状において、村の高齢者や病人など弱者ケアの問題は、老人会の慣習的「健康診断」システムと村民委員会の情報開示によって解決の道が探られているのである。

四　廃校問題とその背景

出稼ぎがもたらした農村の危機、とりわけ留守児童の問題の一環として取り上げられがちな村の小学校の廃校問題についても、村民の立場に寄り添えば、通説とは全く異なる実態が浮かび上がる。

山鵬村の小学校の二〇〇九年の廃校時に在籍していた児童一九名のうち、村に戸籍を置いていた児童は二名にすぎず、そのほか一七名の児童は外地に戸籍をもっていた。しかも、そのほとんどが朝鮮族以外の民族の児童であるばかりか、本村民の子供である二名の児童も漢族であった。要するに、村の学校には村戸籍の朝鮮族児童は在籍していなかったのである。村の学校の廃校は、人口流出による農村の危機という文脈で説明されがちであるが、この山鵬村の小学校の場合には村に戸籍のない児童を対象にしていたこと、それにもかかわらず、村民委員会が廃校を避ける努力をしたことなどは、そうした一般論からは説明できない。そこで、その事情について考えてみたい。

現在、都市の中学校で教員をしている三〇代のBさんは、小学校四年生から都市の小学校に通学していた。村の小学校の教育レベルが都市の小学校より低いという理由で、Bさんの親が転校させたのである。これはBさんの家族だけにみられる特殊な現象ではない。当時でも、経済的負担が可能な家の多くが子供を都市の小学校に通わせていた。そうした事情を考え合わせると、経済水準が他の農村部より高い山鵬村の場合、村の学校の閉校は流出人口の増加の結果というよりもむしろ、都市の学校で子供に教育を受けさせたいという村民自らの希望に見合った条件が整った結果と見なすほうが自然なのである。

かつては、郊外農村である山鵬村と市内との間には、公共交通がなく、徒歩で一時間から二時間を要した。その後一九九〇年代になると、行政によって道路整備が行われ、市の行政区域も調整された結果、村は市の管轄下にある小営鎮に統合された。村民委員会は村が市に統合されたことを逆手にとって、市の交通局に働きかけ、市バスの路線を村まで伸ばし、交通費も市内と同じ基準に設定することに成功した。こうして交通に関しては、村の児童が市内の学校へ通学できる条件が整った。

しかし、まだ障害は残っていた。村に小学校があるにもかかわらず、自主的に戸籍地外の市内の学校に編入した場合、約三〇〇〇元の入学費の負担が必要だったのである。多くの親は「昔は家の唯一の財産である牛を売っても子供を学校に行かせたのに、これくらいの出費は当然である」と認識し、大きな経済的負担にもかかわらず、子供を市内の学校に送っていた。ところが村の学校の閉校によって、村の戸籍所有児童の受け入れ先が都市の学校になったおかげで、戸籍所在地外の学校に入学する際に支払わねばならない約三〇〇〇元の入学費の負担がなくなった。しかも、上記のような村出身の子供だけでなく、村の学校に通学していた「よそ者」の子供も閉校にまつわる村民委員会の働きによって、入学費を余分に払うことなく都市の学校へ編入できたのである。

以上のように、すでに一九九〇年代から朝鮮族村民を中心に自発的に子供を都市の学校へ入学させていたこと、廃校時に朝鮮族村民の子供が小学校に在籍していなかったこと、小学校の職員と教員十数名のなかに村出身の教員が一人しかいなかったことなどを考え合わせると、村民委員会による学校存続のための努力は、「よそ者」に対する人道的配慮に加えて、「よそ者」が村の土地経営に欠かせないことを認識したうえでの、きわめて現実的な必要に基づいた動きであったのである。村の学校の廃校は、村の少子化の影響であることを否定できないが、それ以上に学校教育のレベル向上への希求、つまり、子弟の社会上昇の担保として都市の学校に通わせたいという親世代の教育観の反映なのである。

そうした朝鮮族の教育観は今に始まったものではない。すでに一九三〇年から一九四九年の時期にあっても、朝鮮族が教育を重視したのは、より高い教育を受けることで、子供が安定した職業につき、社会で敬意を払われる立場に立てるように願ってのことであった（金 二〇〇七）。そうした教育観が、改革開放以後まで続き、経済状況の改善や交通整備の努力などと連動する形で、今日の村の学校の廃校問題にかかわる村民の努力に影響したと思われる。

このように、村を支える「留守」システムはもちろん、出稼ぎと連動した生活の戦略なのだが、それは朝鮮族村民に閉じられたものではない。すでに廃校問題において「よそ者」に対する配慮を確認したが、このような「留守」システムを支える存在として「外地人」が認識されていることが明らかなのである。

山鵬村への「よそ者」の流入は、一九六三年に遡る。当時、ダム建設にともなう国家政策によって、山東省昌邑県からはるかに遠方の山鵬村に一三世帯の漢族が移住してきた。現在、村の戸籍をもっている漢族はほとんどこの移民とその子孫およびその結婚相手である。その後村に流入した初期の「外地人」は、それらの人びとの紹介で主に山東省から流入してきた。一人あたりの土地面積が山鵬村よりさらに少ない貧困地方から、所得の上昇を目指して移動してきたのである。国外や大都市への移動のネットワークをもたない彼らは、地方間移動を行い、自らのホームランドにおける狭い土地の問題や余剰労働力問題に対応しなければならなかった。これは中国農村の地方間格差とともに、農民層の分化を意味する。しかしその後、ネットワークが広がるにつれ、誰の紹介かということさえ不明となり、どこからきたのか、そもそも誰であるかも知らないような人が増える一方である。そのために、「よそ者」に対する不信感も増大し、集落で家畜が死んだり、盗まれたりすると、真っ先に「よそ者」を疑うといったことになりがちである。村民委員会による外来流動人口に対する「流動人口計画生育工作管理」も、「よそ者」の拒否反応により困難に直面するなど問題が少なくない。このような状況で「本村人」は、「よそ者」を村に住まわせて、「見守る」対応をするようになった。「見守る」ということは、一人子政策の管理のような強い拒否反応を見せる側面では無理な干渉はしないが、村の防衛的側面にかかわる行為に関しては「緩やかな監視」ともとれる対応を行うことを意味する。つまり、受け入れながらも、距離を置くことで、残留村民と出稼ぎ村民との相互結束を保持、安定化させているのである。

6　小結

本章では、延辺朝鮮族自治州の山鵬村を事例に、土地転貸の仲介、高齢者をめぐる老人会の「健康診断」と村民委員会の情報開示、廃校の背後にある社会的上昇のための教育レベルの向上への希求と村民委員会の働きかけなどの全てに関連した「留守」システムについて記述・分析した。

その結果を要約すれば以下のようになる。①村民は、出稼ぎ先である国内外の都市における日常生活とホームランドにおける土地の利用権の保有を両立させるために、農民戸籍を差別の象徴から農民の利益を保護する法律的根拠へと読み替えることによって、遠隔地からでも土地経営が可能な「留守」という仕組みを編み出しそれを実践してきた。②出稼ぎ人口が多い状況での村の高齢者問題は、家族関係を超えた村の問題と見なされ、老人会の結束による慣習的な「健康診断」とそれを補足する村民委員会の情報開示によって解決が試みられてきた。その模索は、家族、集落、村の見事な連携を示している。③廃校問題は、流出人口の多さに起因するだけでなく、教育レベルの向上によって子弟の社会的上昇を願う村民の教育観と密接に関連している。村民委員会レベルにおける行政区域の変更を逆手にとった村民委員の実践も、活用可能な資源なら何だって有効に利用しようとする村民委員の戦略の現れである。

以上の考察・分析において、筆者は、何よりも村と村民の視点に立つことを重視してきた。その結果、村民や村民委員による「留守」システムに代表される村民の創造性の一端を提示するに至った。

注

(84) 農民工とは、「中国社会経済転換期における特殊な概念であり、戸籍上の身分は請け負った土地を持つ農民でありながらも、実態は非農業分野に従事して給料をおもな収入源とする人を指す。狭義には、所属地域を離れて都市で出稼ぎをする就労者のみを指し、広義には、県地方内で第二・三産業に勤める農村労働力も含める」(二〇〇六 中国農民工問題研究総括)。「中国農民工問題の総合的研究報告」(二〇〇六)は、温家宝の指示によって国務院研究室を中心に二〇〇五年四月に成立した研究チームによって作成されたものである。

(85) 「中国農民工問題の総合的研究報告」(二〇〇六)では、主に①農民工の給料待遇が悪いことと劣悪な労働環境問題、②社会保障の普遍的な欠如、③都市行政が提供する公共サービスが受けられない問題、④権威の保護が困難な問題、⑤都市への転籍が困難であることなどが農民工問題として取り上げられている。

(86) 両親の一方や祖父母に養育されることになり、その不充分な家庭教育のせいで子どもの成長に悪影響を及ぼす(中国農民工問題の総合的研究報告 二〇〇六)。

(87) 夫婦の一方が出稼ぎに出て他方が留守を預かる状況にあっては、二元的制度がもたらした都市の農村に対する優越が、村を出た配偶者の村に残った配偶者に対する優越感へと転化し、社会的な二元的分割と対立が家庭のなかに浸透して離婚に至ったりする。

(88) 韓国のほかに台湾、シンガポール、香港がある。

(89) 朝鮮族の地方間労働移動のマクロな次元における契機は、一九八三年から実施された「留学生一〇万人計画」による日本への留学=苦学、一九九一年ソ連崩壊に端を発したロシアへの生活雑貨や衣服を中心とした商業従事、一九九二年中韓国交樹立を契機とした韓国への出稼ぎ、中国沿海大都市における外資企業の増加にともなう就労などに大別できる。なかでも、朝鮮族農民のもっとも大きな受入れ先として韓国がある。
(90) 韓国法務部が作成した「登録外国人現況」(二〇一〇年六月) から。
(91) 彼らの存在は韓国産業界にとって一貫して不可欠な存在であり、グローバルな民族共同体の一員として受け入れようとする考えが少しずつ強まっているとはいえ、依然として3D業種に低賃金で雇われ、求職の困難さや職場での差別的待遇に曝されている。また、朝鮮族労働者はもっぱら韓国の経済的効率性の観点から在外同胞労働者と見なされ、不要になれば強制的あるいは自主的に帰国を促すという利己主義的受入れ方式によって不安定な状況に置かれている(鄭二〇〇八)。ここでいう3Dとは、主に建設業、製造業、食堂飲食店、家政婦などで、汚い、難しい、危険な仕事を指す英語の dirty、difficult、dangerous からきており、日本でのいわゆる3K職業種にあたる。
(92) 『二〇〇六年全国農業年鑑』によると、農民工の二四・二%が工業、二一・一%が建築業、四八・八%が飲食業に従事している。
(93) LさんとCさんの比較は二〇〇八年夏に行った両者へのインタビューに基づく。
(94) 政府から無償で支給される補助金である。
(95) 二〇〇八年の調査データである。
(96) 二〇〇八年夏、J氏と村民委員、J氏に仲介を頼んでいる村民に対するインタビューによる。
(97) Aさんへのインタビューは、二〇〇七年に行った。
(98) 男性が「本村人」で農村戸籍を有している場合でも、嫁いでくる女性と生まれた子供はその出生地に関係なく都市戸籍にはいる。

第六章　墓地をめぐる行政の力と村の意思

——村民委員の役割を中心に——

1　埋葬改革をめぐる行政の政策と村民の習俗や利益との齟齬

本章では、山鵬村を事例として、土地利用問題解決策の一環として打ち出された埋葬改革をめぐって、行政と村との間に生じた齟齬を解決するために、村民が編み出し実践した方策、およびそうした実践の成立条件を明らかにする。一九八五年二月に中国国務院は、土葬を廃止して火葬を推進する「殯葬管理に関する臨時規定(99)」を定めた。それまで慣習的に居住地に近い山で土葬を行ってきた村民は、これ以後、行政の認可の下で区画された共同墓地を購入し、そこに遺骨を埋葬することを求められるようになった。この埋葬改革の背景には、都市化の進展にともなう農村土地面積の減少、人口大国である中国の食糧問題、さらには、生活向上につれて死者供養が派手になった結果、墓地面積の拡大や葬儀費用の増大が問題となっていたという複合的な事情があり、それなりの政策的合理性を備えていた。

しかしながら、葬儀というものは、民族の伝統的な信仰・習俗に深くかかわっている。多数の民族で構成される中国では当然のごとく、民族や地域によって葬儀に関する考え方や習慣が多様で、埋葬改革を全ての民族に一律に適用しようとすればさまざまな齟齬を招来しないわけにはいかない。本章では、中国東北地域の朝鮮族村において、政策によって招来された齟齬を解決するために、村民が編み出した方策とその実践を確認するとともに、それらが何を基盤にして成立しているのかを明らかにする。

2　先行研究史と分析視角

中華人民共和国成立以後、とりわけ一九五二年の「民族区域自治実行要綱」により、各民族自治区は中国領土の不可分の一部であり、自治区自治機関は中央政府の統一指導下の地方政治組織であることが強調された。つまり、少数民族は総じて共和国からの分離権を否定され、民族自治権のみ付与されたのである（加々美　二〇〇八）。それによって、集落は行政に吸収され、複数の集落をまとめて一つの行政村とし、そこに国家の末端組織が置かれた。そして各集落のリーダーのなかから村の幹部が選ばれ、上層機関から派遣された外部権力者の指導や監督の下で、村の幹部は徐々に国家の末端組織の一員となった。その一方で、各集落には依然として村民によって選ばれたリーダー的な人びとが存在し、その人たちは国家権力の末端組織ではないものの、村の幹部に協力することが求められた。

一九五七年の「整風運動に関する報告」によって、反民族主義闘争が強調され、少数民族は国家から独立しては存立しえないという歴史的背景が形成（加々美　二〇〇八）されていった。民族の風俗と慣習の保持を唱える程度のことさえもが反民族主義闘争の対象となり、地方政権による行政とその地域の民族の習俗慣習との矛盾が大きくなった。さらに、一九五八年からの人民公社化は、生活様式に加えて、習俗・慣習などの民族的個性に至るまでを否定して均質化を要求した。しかしながら、農村においては何よりも生産手段や生産商品の集団化を優先すべきとされた結果、朝鮮族農村では依然として、地縁、血縁、相互扶助などの伝統的習俗を保持することが可能だった（許　二〇〇七）。

例えば葬儀と祭礼は、朝鮮王朝期における庶民階層のそれと大差なく、基本的な葬儀法は土葬で、葬儀を専門とする民間組織である喪興契が担っていた（北京大学朝鮮族研究所　二〇〇〇）。一九六六年に始まった文革は、四旧（旧思想、旧文化、旧風俗、旧習慣）打破の方針の下に、朝鮮族の慣習の多くを封建文化の残余物と批判し、喪興契も強制的に廃止させられた（北京大学朝鮮族研究所　二〇〇〇）。

しかし、改革開放以後になると、文革で廃止されていた葬儀方法が、新たな装いで復活するようになった。手順の簡略化、葬儀の短期化、喪服の簡素化などの変化があったものの、土葬が死者と生者の安泰につながるという観念は保持され、多くの山村では土葬を堅持し、火葬した場合でも遺骨は「風水」に則って選んだ土地に埋葬していた（許二〇〇七）。

ところが、このような葬儀や信仰については、民俗学や宗教学を中心に研究がなされてきたため、村民自治や民族自治および村民と村幹部との関係には関心が向けられることなく、研究が深められなかった。

そこで、以下では、埋葬改革によって火葬したうえで定められた共同墓地への埋葬が強制される過程、つまり朝鮮族としての慣習が制度的に否定されるなかでの、習俗の担い手の変化（葬儀での喪興契から老人会へ）と、村の習俗と公的制度との交渉の担い手としての老人会と村民委員会との関係の変化を明らかにし、それを通して国家の政策と朝鮮族農村における自治との関係について検討する。

手順としては、まずは伝統的葬儀の変容過程と行政との間の齟齬を示し（第三節）、次いでは村民の創意工夫と村民委員会の対応について述べ（第四節）、さらに、そうした村民委員会の対応がいかに村民の創意工夫を支えているのかを明らかにし（第五節）、そして最後の第六節で以上の議論をまとめる。

3　山の管理と葬儀の意味

一　中国建国から改革開放までの村落の葬儀

まず、改革開放までの村落における信仰や葬儀などの習俗の変化を概観する。

中華人民共和国成立以後、迷信打破の呼びかけのなかで、集落の入り口などにあった厄払いの神像などは解体・撤去され、ムーダン（シャーマン）やキリスト教徒の礼拝具、十字架などが公共の場から姿を消した。村の南北でそれぞれ行われていた喪興契による毎年一二月（旧暦）の総決会も禁止された[101]。しかし実際にはそれ以後も、日が暮れるとムーダンの家には病気や悩みを抱えた人びとが出入りし[102]、キリスト教徒の祈りの姿も目撃されていた[103]。かつての喪興契における「道士」と「執事」の役割も、協議のうえで「みんなの意向だから」という論理のもとで、集落の長老とその助手が選ばれて、葬儀を担った。

当時は、葬儀に際しては、公的にはまずは当事者が村幹部に知らせて、その幹部の責任で行うようになっていた。さらには、一九五八年に人民公社が始まると、葬儀自体ばかりか、その費用や棺桶などの必要な資材なども、その全てを行政の末端組織が準備・支出することになり、死者が出ると真っ先に村幹部に知らせ、資材の用意や費用を調達してもらった。ところが、若年層の村幹部は必ずしも葬儀の手順や方法に詳しくなく、結局は葬儀の方法に詳しい村民に依頼せざるをえなくなった。村で儀礼を熟知する者といえば、元の喪興契の道士と執事にほかならず、呼称や選び方は変化したとしても、その人たちが現実には行事を司る役割を果たしていたのである。こうして村の長老が葬儀の進行を、村幹部が葬儀の費用や材料を調達するという役割分担が慣習化されるようになった。

その結果、行政上では村幹部を補助する役割にすぎない集落のリーダーと、村幹部に協力して葬儀などの進行を担う執事の仕事が重なることが多くなり、実際にはかつての執事が集落の小隊長を務めることが多くなった。このように村幹部と長老および集落幹部などの人びとの協力、さらには、協力者のなかから執事が自らの後継者を選んで、しだいに指揮を引き継ぐという形で、慣習が継承された。しかも、村の家のほとんどが老人を抱えていたため、葬儀の手伝いを怠る村民などいるはずもなく、むしろ村民の積極的な協力によって慣習は維持された。

そして、改革開放以後には村民たちが喪興契の後身と認識するようになる老人会が組織された。これは集落ごとに老人たちが集まって新聞を読む「読報組」から始まったものである。老人会は、集落人口の二五％近い六〇歳（女性は五五歳）以上を対象にしているが、入会、退会にかかわる正式な手続きも年齢制限もなく、加入するかしないかはあくまで自主性に任されている。ただし、会長や会計などの役職は、老人会の会議で決まる。生産責任制が実施されて以後、葬儀費用も個人負担になったが、葬儀に際してはまず村の幹部に知らせ、村幹部が長老に葬儀の進行を委託し、成年男子が葬式にかかわるという形式に変化はなく、一家の男子を重んじる風習も健在である。

以上のように、喪興契から断絶したところで老人会が生まれたわけではなく、葬儀をめぐり継続されてきた「社会関係資源」利用がベースにあってこそ、その両者に通じる「主体」が存続、継承されてきたことが分かる。以下では、埋葬改革の要因であった土地制度および土地利用の実態と関連させながら、墓地の変遷を辿ることにしたい。

二　土地の請負制と墓地の利用

改革開放以後、信仰の復活と同時に墓地をめぐる問題が浮上する。先に見たように農村土地承包法の実施を受けて、山鵬村では一九八四年に村民に対する土地の利用権の分配を行った。ただし、村は直接にその所有地を村民個々人に分けないで、分配を各集落の自主性に委ねた。つまり、集落の固有の利用形態に沿って、村における「××集落の土地」をその集落の責任、判断で分配するように取り計らったのである。土地に対する集落固有の利用形態とは、荒地を開墾して集落を形成するに至った歴史的経緯に由来し、その集落の内外で、集落の物理的空間範囲に関しての共通理解が醸成されてきた。その後の土地の集団利用と集団生産という人民公社の時期においても、土地の利用と生産活動については基本的に集落を単位とし、「××集落の土地」という観念が保持されてきた。集落間の境界は必ずしも明確ではなかったが、基本的に「この辺からこの辺まで」と村の関係者には具体的に認識され、川を挟んでいる場合には川が境となった。明らかに境を越えての利用は越権として非難され、村規模の集団所有という国家法とは切り離された形で、村の問題として村が自主的に処理してきたのである。

もっとも、土地請負制の実施に際しての集落単位による土地分配には不平等がないわけではない。人口が多く耕地面積が少ない河北と人口が相対的に少なく集落の耕地面積が多い河南とでは一人あたりの土地面積が明らかに異なる。しかし、その一見しての不平等に関して、河北の人びとは「私たちの集落には耕地が少ないから仕方ない」といい、他の集落と比較して異議を唱える者はいなかった。むしろ、土地分配で問題とされたのは、集落内部でいかに土地を平等に分けるかということであった。土地の分配に関しては、まず集落の隊長と会計、耕地に詳しい者、山に詳しい者、集落の境界に詳しい者などが集まって、土地分配の対象となる水田、畑、山を、居住地からの距離、生産量などによって細分化したうえで、それに番号を付け、集落の会議の場で、世帯主たちによるくじ引きで分配した。

そして土地の分配後には、農業に対する生産意欲が高まるなど、分配作業は成功のように見えた。しかし、山の利用に限って問題が生じた。従来は集落で共同利用してきた山が世帯別に分配されたことで、薪の採集、家畜の放牧[104]、墓地の設置などで問題が生じてきたのである。山を個人管理するのは難しい。例えば、植林などについては、山を利用する世帯と利用しない世帯とのバランスがとりにくいし、ある個人に割り当てられた土地が他人の墓地を抱えるということもあった。特に墓地に関しては処理が厄介である。風水と父系の血縁関係によって、一族の墓地は一か所に集中することが多い。また、墓が集落内部の成員でない場合もあれば、墓の所有者が不明で、誰の墓か判然としない場合もあるなど、個人としては対応が難しい。そうした多様な問題が、山の分配以降に、浮上してきたのである。

その結果、山の私的利用が始まって二年もすると、集落による利用という従来の形式を復活させざるを得なくなった。

三　埋葬改革をめぐる行政と村の齟齬

集落による山の集団利用が復活したのと時期を同じくして「殯葬管理に関する臨時規定」が定められ、葬儀は管轄行政である鎮の民政局の直接の監督を受けること、さらには火葬が義務づけられることになった。その結果、村では一九八五年から九〇年代に至るまで、衝突がたびたび生じた。

鎮の民政局から派遣された監督員は一律に火葬にし、新たな墓地は作らないという規定の遵守を村民に要請したが、それは村民たちの土葬慣習と次の三つの側面において明確に対立するものであった。まず、老人たちの遺言の問題があった。高齢の世代には、死後には先祖のところに行くという従来の死生観が強固にあり、安住の地を先祖の墓の隣に指定し、先祖と同じく土葬で送られることを望む。そしてその望みをしばしば遺言の形で家族に伝えた。例えば、一九八九年に八九歳で亡くなった老女は、自力で歩けなくなってからも、再三にわたって火葬を拒否し、先に亡くなった息子の墓のそばに土葬するように遺言していた(105)。それと先の「規定」とは真っ向から対立していた。

二つ目は、先祖の隣に墓地を作って祭ることが村民にとってもつ切実な意味の問題である。父系の祖先の墓は村から徒歩圏内にあり、村民は毎年二～四回墓参りのついでに、土を盛ったり、草を刈ったりの手入れをするのだが、それは古い墓から順番に行われる。ここで重要なのは、墓地の選択や祭祀において表明される死者への追慕に対して、死者は生者を援助してくれるという心理である。だからこそ死者への葬儀や祭祀を怠ることなく継続する必要がある。例えば、葬儀においては、残された子孫が自分の病気を死者に託すサルマキという儀式を行っている。また、家族の病気や不幸などは死者の埋葬の仕方に原因があると考えられ、複雑かつ過酷な過程を経て埋葬をしなおすメンレイという儀式も行われている(106)。例えば、村で一人暮らしをしている一九二六年生まれのFさんは、毎年の墓参りの度に、夫と姑の墓の隣に自分の墓地を作るように長男に念を押しているという。彼女には、死後のあの世にもっていきたいと願う品物がある。亡くなった姑と実家の母の写真であり、自分の身分証明書と一緒に白い手ぬぐいに包んで大切に保管している。彼女は、その品を取り出して見つめながら、筆者に対して、死者に対する反省の弁を繰り返し述べていた。七〇年代に夫が亡くなってから、生活の困難もあって長男の嫁でありながら最後まで姑の面倒をみることができずに義理の兄弟に任せてしまったことがいつまでも気がかりで、「あの世に行ったらちゃんと謝らなきゃ」というのである(107)。また、何をやってもうまくいかない初孫に、家を相続させるなど、死後も力になりたいと願っていた。

最後に、火葬や共同墓地にかかる費用の問題がある。国が指定した火葬と共同墓地購入のためには、三万～五万元(四〇万～六五万円)もの費用がかかる。しかも、村には火葬場や行政が許可した共同墓地がないために、長距離の移送を強いられ、費用はさらにかさみ、一人あたりの年収の六～九倍以上も必要になるのである。

以上のような理由から、村民は慣習的な葬儀を継続する必要があり、政策との間に齟齬、そして政策を推進する義務を担った行政の監督官との間に対立が生じたのである。以下では、このような問題の解決のための村の創意工夫、そしてその実現に密接に関連する村民委員の役割に注目する。

4　村の創意工夫と村民委員の役割

村の伝統的習俗である葬儀に反する埋葬改革に対して、村民は、出棺を行政機関の目の届かない早朝にしたり、共同墓地ではなく、集落の山に埋葬したりといった形で対応していた。そのうちに、死者の家族とともに葬儀に参加していた村民委員らにも対応の変化が見られるようになった。土葬の場合には、村民委員は故人との別れのあいさつは前日の夜か当日の早朝の時間帯に済まして、出棺から埋葬までの行事に立ち会わないようになった。このような村民委員らの対応に対して、村民は「村の政治をやっている立場で、そうじゃないと面倒なことになるし、私もそれは望んでない」という。村民委員が行政に禁止されている土葬に参加すれば責任を問われるので避けたほうがいい、というわけである。ただし、土葬の責任はあくまで個人が負い、村民委員は干渉しない、というようなことではない。以下、ある事例(108)を取り上げて、その実態を詳細に考察する。

一　村民委員の両立的対応

当時五〇代半ばだったR氏は、一九九八年に父親の葬儀を行う際、早朝に出棺を予定していた。ところが、諸種の都合で遅れた結果、監督員に出棺を制止されることになった。葬儀という一家にとっての一大事が制止されるという事態に、R氏は、「政策か何か知らないが、父親を私が土葬にするのになぜお前らが干渉するのか、朝鮮族の風俗で土葬することの何が悪いのか、誰であれ邪魔はさせない」と激高し、監督員との間で緊迫した事態となった。そこで、老人会の数人のメンバーが介入することになった。「葬儀は我々の伝統文化で、憲法にも少数民族の宗教を尊重すると決められている。政策も重要であるが、こちらも死者に対する義務があり、無理な制止は死者への冒涜で罰が当たる」と主張したのだが、その主張には巧みな戦略が繰り込まれている。監督員を公人と私人とに分割して、その各々に反論し、説得を試みているのである。公人としての監督員に対しては、村民の習俗に対立する政策よりも高位の憲法規定を盾にして、村民の習俗の法的正当性を主張する。その一方で、私人としての監督員に対しては死者の力を借りてその非人間性を論難するわけである。

そうした介入のおかげで、状況の緊迫感は薄らいだ。しかし、それでも問題解決には至らず、膠着状態に陥った。そしてそのときになって、村民委員が現れ、事態の解決のために双方に譲歩を要求した。監督員に対しては、埋葬改革の基本目的は土地の効率的利用にあるのだから、円形（土饅頭）ではなく、ペンタクによる土葬を認めるように提案した。ペンタクとは、従来の土饅頭の墓地を平たくする方法で、そうすれば墓地も耕地としての利用が可能になり、埋葬改革の趣旨に反することなく、監督員の面子もつぶれない。一方、死者の家族には「今はとりあえずペンタクで葬儀を終え、ほかのことは後日に家族で相談して決めればいいのではないか」と伝えた。その結果、衝突は収まりペンタクによる葬儀が行われた。そして、後日家族によって墓地は土饅頭に戻され、祭祀も継続されている。

二　衝突の沈静化についての解釈

二〇〇〇年ごろにもなると、墓地をめぐる衝突は徐々に沈静化していった。村民の半分くらいが火葬に応じるようになり、山のふもとに散在していた墓地も目に見えて減っていった。こうした変化を村民委員は「政策によって禁止となって以来、徐々に改善した結果で、村が市によって模範村に指定されているのは、村民の積極的に政策に応じる努力によるもの」と説明するが、それは公式的かつ表面的なものである。村の構造的な変化、そしてその過程における村民の創意工夫を視野に取り込んで考える必要がある。

まず、経済的要因である。土地の請負制によって、土地分配が終わると、老人会の資金も自己負担となり、収入源を考えざるを得なくなった。そこで各集落の老人会は自主的に荒地の開墾を始め、それが老人会に収入をもたらすようになった。例えば、集落の一つである上集落は、開墾地で葉タバコの栽培を始め、五年後には老人会の費用を捻出してもなおかなりの貯金ができるまでになった。さらには、一九九〇年代後半から村では、韓国への出稼ぎがブームとなり、出国資金に困っている村民が多かったので、老人会は資金の貸出しも始めた。二〇〇〇年ごろになると、その資金が十万元を超えることになり、老人会の一人あたりの平均配当が、村の一人あたりの年間農業収入をはるかに超えるまでになるなど、村民の創意工夫による収入増加が、政策を受容する余裕をもたらしたのである。

政策の受け入れには、以上のような経済的要因のほかに、移動人口の増加という要因もある。改革開放以後の移動の自由と一九九二年の中韓国交樹立を契機に、中国の大都市や韓国への出稼ぎが急増し、現在も韓国へ出稼ぎに行っている村民が二〇〇名以上にもなる。T氏によると、一九七一年に七六歳の祖母、一九八〇年に八四歳の祖父、一九八六年に七一歳の父親、一九九六年に八二歳の母親の葬儀を行ったが全て土葬にした。父親と母親は、村の南側の山上にあって、いつの間にか「村の自然な共同墓地」と認識されるようになっていた場所に土葬した。この「村の自然な共同墓地」は、耕地や開発に利用できる山のふもとから墓に移動する際に、風水的によい場所と認識され、村の墓が自然に一か所に集まるようになったものである。先祖供養は、その家の老人が権威をもっていることもあって、T氏は家族の年長者として、山のふもとにあった墓に土葬されていた両親と祖父母以外の二〇体の遺骨はメンレイし、火葬して遺骨を森にまいた。土地の再利用という政策の影響もあったが、それ以上に自らも七〇代を超えて墓参りが大変になったこと、二人の息子とその嫁が韓国へ長期間にわたって出稼ぎに行っていることなどが主な理由だったといい、さらに次のように付け加えた。自分の死後は土葬を望んではいるが、韓国へ出稼ぎに行っている息子たちにとって負担になるため、息子たちの意思に任せたいと。

このT氏の息子の一人が村長を務めていたことも考えあわせると、そうした意思の変容は村民委員を含む村民に共通しているものといってよいだろう。そうした生活環境の変化に対応した村民の合理性こそが、各集落で「村の自然な共同墓地」と認識される場を作り出したのである。

上記の事例からは次のようなことが確認できるだろう。まずは、信仰と経済的合理性を盾にして政策に激しく抵抗していた村民が、今度は自らの経済的合理性の追求のために、伝統的信仰を変化させていくといった柔軟性である。次に、村民委員の対応の柔軟性の重要さである。村民の信仰や経済的合理性に基づく土葬を、政策に抵触することのないものと解釈し、それを支持することで、齟齬の解決を実現し、自身に対する支持を勝ち得ている。その過程を見ると、村民の実践行為や創意工夫は、村民委員の対応の仕方に大きく依存していることになる。そこで、以下では村民委員のそうした対応をさらに詳細に検討してみる。

5　村民の創意工夫の成立条件

前節では、村民委員が村の生活者として、かつ村のリーダーとして、死者に対する追悼、老人会の葬儀や行事の慣習を守るなど、村民の意思を尊重することで、村民に支持されてきたことを確認した。しかし、村民の意思と、行政的な規律の一貫性、それらが二律背反する際に、村民委員がそれら両者のバランスをいかにとって調整しているのかについてはさらに検討が必要である。

行政と村をつなぐ役割を担っている村民委員会は、村民の意思と政策に齟齬が生じた場合、その調整に当たらねばならず、つねに両者のバランスに配慮する努力を怠ってはならない。この点に関して、二つの事例を考察する。

まず、村民との関係を示す事例である。村民委員のNさんは、隣人がトウモロコシを贈り物としてもってきた際、「村の赤十字の支援金とは関係なく、隣人の好意として受け取ります」と話した。それは、長期間入院していた家族の介護のためにトウモロコシを植える時期を逃してしまったので、それを気遣った隣人の好意による贈り物であった。しかし、その時期にはちょうど、進学する学生を抱える貧困家庭を対象に市の赤十字が支援を行っており、その隣人は支援の対象候補で、村民委員がその選考を担当していた。そこでNさんは、贈り物を受け取る際に、それはあくまで集落の生活者という私人として受け取るのであって、公人、つまり村民委員として受け取っているわけではないことを鮮明にしたのである[109]。

もう一つは、村民の創意工夫が村の範囲を超える懸念がある場合の、村民委員の対応の事例である。上集落の老人会が韓国へ出稼ぎする村民を対象に資金の貸出しを行った当初、村民委員は、それを「老人たちの小遣い稼ぎ」と笑ってやりすごしていた。しかし、その後貸出しが大規模になり、対象も他の村にまで波及するばかりか、村内部でも資金回収をめぐってトラブルが起きるようになった。こうしてそのまま放置すると、村民委員による仲裁の権限を超え、司法の介入が懸念されるようになった。そこで村長が村民委員会を代表して、上集落の老人会会長との話し合いのうえで、他の村の村民に貸出しをする場合は充分に信用できる人に限り、トラブルにならないようにするという言質を取り付けた。

このように、村民委員は村幹部であることを自覚するだけでなく、村内部の成員に対してもその認識を徹底させるように努めた。村幹部としては自己の個人的な利益の追求を慎み、全ての村民に公正に身を処するように努める。他方、村民の行為に関しては、不要な誤解を招くことのないように、また村民委員の処理能力を超えないように、牽制に努めているのである。

村民委員のこのような対応の根拠となるものが、国家からの「村民委員会は、鎮（郷）の政府機関に協力する」という組織法であり、それに基づいて政策の伝達、実行、報告を義務とし、それを忠実に果たさねばならないのである。彼らは、このような自らの責務に基づいて、埋葬改革の趣旨を村の墓地をめぐる実態と関連させて対応した。その出発点となるのが制度に対する理解であり、埋葬改革は村民委員によって次のように解釈された。第一に、埋葬改革の趣旨は、土地を墓地として利用することによって耕作可能な土地を占有しないようにすることであり、山のふもとの利用可能な場所から別の場所に墓を移転したのは、政策を忠実に実行した結果である。第二に、自然な共同墓地として認識されているところは、耕地としては利用不可能な山なので、埋葬改革の対象とはならず、墓地として利用するのは差し支えないというわけである。

つまり、政策目標の達成如何を判断基準とし、それに基づいて政策の解釈を行うのである。それは、村の実態と政策の趣旨とのバランスを念頭に置いてこそ可能な解釈である。行政の指示が達成できない場合は、その責任が問われるが、目的が達成できた場合には、そのプロセスが問題視されることはないことを充分に認識したうえでの、柔軟で現実的な対応なのである。

このような村民委員会による村の実態を考慮に入れたうえでの政策の解釈こそが、政策が村民にもたらすさまざまな制約のなかで、村民がその政策を逆に資源に転化するなどして（早朝の葬儀、「自然な共同墓地」、メンレイの転用などといった新しいシステム）、村民の生活環境の改善に役立てる創意工夫とその実践を支えていたのである。

6　小結

本章では、埋葬改革をめぐる行政による政策と村の実態との齟齬、そしてその解決に至る過程を辿り、村民を代表する老人会の創意工夫、さらには、その成立条件の一つであった村民委員の政策的解釈という創意工夫とを明らかにした。

本章で取り上げた事例から明らかになったことを整理しておこう。第一に、伝統的な村落共同体は、老人や成人男性に主導される儀礼を基盤に、家と家、集落と集落が連なる社会集団であること。第二に、そうした村落の共同性は、政策の変化に対応しながら、村民と村の幹部の役割分担によって、その外見や形式を変形させながら、継承してきたものであること。第三に、村民の創意工夫は、村落共同体に引き継がれてきた信仰や経済収益および人的社会資源利用が基盤となってこそ可能だったことである。第四に、村民委員は、村の幹部であると同時に、村の生活者であるという両義的な存在であり、その両者のバランスをとることによって村民の創意工夫を支える政策解釈の主体なのである。

村の生活者に焦点をあててその実態を詳細に分析することによって、村民自治が選挙制度といった外部的要因よりもむしろ、共同体の伝統の継承とその主体的な変容にかかわる問題として立ち現われてくる。村民の伝統的な習俗と経済的な要求が交差するところに、生き生きとした創意工夫が認められ、その実践を可能にするには、村民委員の現実的かつ創造的な政策的解釈が大きな役割を果たしていることが明らかになった。

さらにいえば、先行研究ですでに言及されている村落の非組織的状況や伝統宗族「組織」の根底にある社会資源利用形態に着目することで、村民の創意工夫だけでなく、中国の農村統治構造に特有の村民委員会自体の創意工夫といったような、村落における二重の主体的な創意工夫とその実践の成立条件を明らかにすることができた。

注

(99)「殯葬管理に関する臨時規定」は、一九九七年七月に条例化された。具体的には、火葬への転換策を積極的に講じることによって、埋葬用地を節約すると同時に、葬儀と埋葬の旧風俗をなくし、文明的で簡素化した葬儀への転換を促進するというものであった。

(100)民族自治権とは、一定地域に集住する民族集団に、地域を統治するための機関を組織する権限が中央政府から与えられ、その機関を通じて地域内の自治を実行することを指す

(101)総決会とは、一年の活動の総括、翌年度の人事、予定作成などを行う集会である。

(102)親がムーダンだったQFさん(一九四七年生まれ)によると、祭日になると道具を櫃から出して祭祀を行い、バント(お祓い)に来る人は、人目を避け、代価としてお米をもってきたという。

(103)キリスト教徒であった一家が最初に住み着いた上集落は、現在も「イエス村」という別名をもっている。この村で生活しているG氏(一九三八年生まれ)は、キリスト教徒の家を訪ねた際に祈りを目撃したことがあると証言した。

(104)生産責任制以後に個人所有となった牛は、村民による当番制か、あるいは、個人に任して報酬を支払う方法で放牧された。放牧地は草の再生周期にあわせて五~六年のサイクルで移動し、燃料に使われる樹木の採取の場所も三~四年サイクルで移動していた。

(105)二〇〇八年九月三日老女の一九回目の命日に、その孫にインタビューした。

(106)メンレイ(緬礼)とは、村民の協力を得ながら、遺体を掘り起こして埋葬しなおすことである。家族の病気や不幸、墓の移転などでメンレイする際に、死体がまだ白骨化してない場合は、遺体を竹べらで丁寧に処理する必要があるなど、並大抵の作業ではない。

(107) 二〇〇五年、二〇〇八年にFさんの家に宿泊しながら得たデータである。
(108) R氏のインタビュー内容と、現場を目撃した集落の老人および幹部から確認した内容による。
(109) 二〇一〇年八月、村民委員N氏宅に宿泊した際の参与観察による。

第七章　村における包摂と排除の仕組み

1　文革がもたらした村の課題

文革に関連する研究は、北京や上海などの大都市部における政治闘争に焦点をあてた（厳・高　一九九六）ものがほとんどである。それに、農村における文革は都市における激しく長期間のものとは比較にならないくらい短期間の運動であった（浜口　二〇〇一）。以上が文革と農村との関係の一般的な認識とされている。

それに対して本章では、少数民族の農村における文革の内実に焦点をあてることによって、そうした一般論が妥当しないことを明らかにすると同時に、文革の傷に対して村が今なお、どのように対応しているのかをつうじて、村における包摂と排除の仕組みについて考察する。

少数民族における文革の実態とその影響に関しては、内モンゴルにおける文革を記述した楊海英が、文革は社会主義が標榜した「民族の消滅」を物理的に実現させようとした運動であったと主張した。文革のなかで、漢族とモンゴル人の対立が鮮明になると、漢族は、モンゴル人を日本の植民地時代には「日本刀をぶら下げた人びと」であり、一九四〇年代後半に中国共産党によって「解放された少数民族」として、粛清の対象としたというのである（楊　二〇〇九）。このような少数民族と文革との関連性は、朝鮮族の文革を記録した写真集『延辺文革―一〇年の約束』もそれを如実に再現している。

ただし、少数民族と文革との関連は、今なおきわめてセンシティブな出来事とされ、上記の楊の著書は中国国内では出版できなかったし、『延辺文革―一〇年の約束』も種々の制限によって韓国で出版されている。『延辺文革―一〇年の約束』は、一九九三年から延辺朝鮮族自治州で抗日運動家の写真収集を行っていた韓国の写真家が、文革期間に撮影した写真をひそかに保管していた老人に出会い、「自分の死後公開を」という遺言を守って、その死後に、しかも韓国で出版したものである。また、文革を題材にした『二〇世紀の神話』（金　一九九六）も、その著者である朝鮮族作家は中国で出版を渇望していたが、韓国での出版を余儀なくされた。

朝鮮族における文革関連の資料は多くはないが、その限られた資料から文革による被害を見ると、延辺朝鮮族自治州では冤罪が三万五千件以上、傷害致死数が二千人以上、傷害致傷が三千人以上発生しただけでなく、数万人が階級の敵として自由を奪われ、朝鮮族幹部の七八％が被害を受けるなど相当なものである（許　二〇〇七）。一九七九年以降、国家は文革を「党や国家および人民に大きな災難をもたらした内乱であった」と判定し、その被害者は「平反」[110]、「摘帽」[111]され、行政によって政治的汚名が取り消され、名誉回復と補償を受けた。しかし本章で取り上げる山鵬村で粛清の対象とされた十数名の人びとは、被害者に関する統計には含まれていないばかりか、いまだに行政上は「不問」とされている。粛清の対象になった人びとが、旧満州国における日本の植民地支配の下で、日本国の手先および変節者であったり、国民党の協力者であったりという歴史を背負っているからである。そして、そうした行政上の「不問」という処置は、その問題を今なお引きずっており、それを村内において村民自らが、解決しなければならない状況をもたらしている。

2　村における対立

山鵬村の村民は、日本による朝鮮半島の植民地化によって深刻化した飢餓状態から逃れるために中国東北へ移住したという経験を共有している。しかし、日本の中国東北に対する支配強化にともなって、鶏林集落（河南に移住する前）と新龍集落とが対立するようになった。二㎞も離れていない二つの集落なのに、鶏林集落では共産党に協力する抗日根拠地が築かれ、他方、新龍集落では日本に協力する自衛団が結成されたのである。

その二つの集落の確執が頂点に達した結果が朝鮮族社会で広く知られている「海蘭江大虐殺事件」である。この事件は、一九三二年一〇月から一九三三年二月までの一七カ月間にわたる日本軍による討伐作戦の過程で起こった惨事であった。日本軍は、活発な抗日活動を行っていた鶏林集落を含む海蘭区の一二の自然集落に対して、九四回もの無差別的討伐作戦を敢行し、多くの抗日活動家と一般民衆を殺害した（崔　二〇〇六、金　二〇〇四）。そして、その大虐殺に協力したのが、ほかならぬ河北の河東自衛団と小営子自衛団を中心にした集落の朝鮮人自衛団であった。武装した朝鮮人自衛団を先頭に立たせたこの討伐作戦は、当時の朝鮮人社会の抗日闘争に対する見せしめの意味もあって、きわめて残忍な殺害方法を用いたことでも有名である。それによって、鶏林集落では、多くの人びとが殺害された。しかも、抗日活動の一翼としての、一五歳以下の少年で構成された少年団の一部の団員たちは過酷な拷問に耐えられず、日本軍に帰順することを宣言し、その転向文書に署名してしまい、それが後々に禍根となる。

その十数年後の日本が敗戦した翌年の一九四六年一〇月に「海蘭江大虐殺清算大会」が行われ、六〇〇〇人余りの被害者家族と一万人を超える群衆が見守るなか、元自衛団員らが「清算」される羽目になった。抗日活動家で、日本警察によって殺害されたキム・ハクグン氏が生前に妻に残した「河東自衛団革命同志虐殺実録」と他の被害者家族の証言を根拠として、一八名の自衛団員の名前が公表され、その処理法案が提出された。その結果、七名が死刑、一名が無期刑、二名がそれぞれ七年と五年の懲役刑、残りの者は罪が比較的軽く反省の態度もよいからと釈放された（金二〇〇四）。

こうして、同民族であるばかりか、同じ移住経験をもち、同じ村に住んでいた人びとが時代状況のあおりを受けて血塗られた対立に至った歴史は、いったん終息したかに見えた。ところが、そうはならなかった。いわば、負の遺産の連鎖が繰り広げられることになるのである。

3 文革がもたらした負の連鎖

一九六六年一一月に、中高生が先陣を切って始まった山鵬村における文革は、次のような人びとを糾弾の対象とした。日本の手先とされた元自衛団のメンバー、日本軍に帰順したといわれた元鶏林集落の少年団のメンバー、抗日活動の果てに日本軍に逮捕されてソウル監獄に一〇年間収監されていた人、国民党へ入党していたという嫌疑をかけられた人、貧農を搾取したとされた地主などであった。

批判大会は日々、加熱の度を増した。「黒五類」[112]に分類された人びとは、当初は村民の前に強制的に起立させられるだけだったが、やがて村中を引きずりまわされる「ゾリドウルリーン」を経て、あげく暴力に曝されるようになった。その結果、重傷を負ったり、村から逃げ出したり、さらには自殺者さえも発生した。

批判闘争は、市の文革委員会の指導下、土地改革（一九四七年）の際に「成分」が貧農と判定された家庭の子弟たちと、中国解放戦争（国民党との内戦）で家族が犠牲になった烈士家族など「紅五類」[113]の青年たちがその先頭に立ち、「黒五類」の「歴然たる事実」を掘り出して再粛清を展開した。

しかしながら、村民はそうした熱狂に同調していたわけではなかった。多くの村民はもっぱら傍観者に留まり、その是非を問うような世論が形成されることはなかった。文革直前の一九六一年に山東省から移住してきたリュウ氏は、移住直後で村民とはなんの関係ももってなかったが、「農作業でご飯を食べるのではなく、政治闘争でご飯を食べた時代」であったために、「起哄」[114]することで、情勢によって求められた政治的態度を表明するに留まっていたという。

しかし、当事者はどうだったのだろうか。以下では、糾弾対象の一人であった元自衛団メンバーであるパク氏や帰順者とされたキム氏、日本軍に帰順したとされた元少年団員ガン氏に関する親族と村民の記憶に沿って、当事者から見たその被害体験を辿ってみることにする。

4　今になって語られる暴力の記憶

二〇一〇年代の現在では、新龍集落の中央に立派な邸宅を構えるパク氏の次男は、その兄とともに集落の老人会のリーダー的存在である。その語りには、その一族の被害体験の実相が垣間見られる。

一八九八年生まれのパク氏は、元自衛団の候補隊員で、一九四六年の「海蘭江大虐殺事件清算大会」で裁判にかけられた。ただし、その裁判では、反省の態度があると見なされ、幸いにも服役することなく釈放された。ところが、その後の土地改革では、家で唯一高価な品であった鉄火炉はもちろん財産の全てが没収された。しかも、「成分」判定では中農とされ、集落の土地分配が済んだ後に残った、地質がもっとも悪くやせ細った土地をわずかしか与えられなかった。その後五人の子供は、親と一緒に、物乞いのような生活で命をつないだ。集団経済期においてさらに二人の子供が生まれたが、父親の履歴が原因で大学進学や軍への入隊などは一切諦めるしかなかった。

一九六六年、パク氏はすでに六八歳になっていたのに、文革の試練から免れることはできなかった。連日の暴力で、歩くこともできなくなった。すると、文革委員はパク氏を会場まで連行するように、その子供たちに命じた。当時二八歳であった長男は、父親の「黒い歴史」から逃れるために、村を離れてダム建設の現場で寝泊まりしていた。当時二六歳だった次男は、自分より年下の若者の暴力に曝される父親の姿を見ることに加えて、「黒五類」の父を背負って衆人の前に出る屈辱に堪えられず、一〇代の末弟に送り迎えを頼んだ。しかし、心配のあまりこっそり後をついて行き、会場の外で覗いたりした。その次男は、ベルトで殴られ、髭に火をつけられるなどの暴行を受けて一九六九年に亡くなった父親の姿は今でも忘れられないと涙しながら話した。

次いでは、ガン氏の二女の証言である。現在村民委員会の委員を務めている彼女は、中学生当時に文革を経験したばかりか、毛沢東の接見を受けた紅衛兵でもあった。

日本軍に帰順したとされた元少年団員のメンバーであったガン氏は、一五歳で日本軍に逮捕され、抗日活動家たちに協力して、銃などの武器を隠したという嫌疑で取調べを受けた。大人たちが相次ぎ逮捕・殺害され、自らも耳をナイフで切られ、辛子入りの水を鼻から注入されるなどの拷問を受けたガン氏は、ついに耐えきれず他の少年たちと一緒に集団帰順してしまったという。しかし、銃などの所在についてはメンバーのなかでもあいまいで、手がかりがないままだった。

ガン氏の二女は、一九六六年の第一期目に紅衛兵に加入したものの、文革が高潮期を迎えるにつれて父親の履歴が問題視されるようになり、第二期目の紅衛兵入団式では組織から除名された。それでもなお党に忠誠を誓うことで、父親とともになんとか難を逃れることができた。しかし、ほかのメンバーはそうした幸運に恵まれなかった。彼女の同級生で同じく帰順履歴の父親をもった女の子は、厳しい尋問を受けたあげくに精神病を発症し、海蘭江事件当時に消えた銃が自分の家にあると自白してしまった。ところが家宅捜査でその銃が見つからなかったせいで、彼女はさらなる嫌疑をかけられて、症状が悪化して、死亡してしまった。

以上のようにパク氏やガン氏、そして同じく批判の対象になっていた元自衛団や少年団メンバーの被害に関して、現在も、耳を傾けてくれる部署や人がおらず、行政上は「不問」とされたままである。

さらに次いで、日本の警察に逮捕されてソウルの監獄に一〇年間収容されていたキム氏にとって、文革はどのようなものだったのだろうか。家族が村を離れてしまったキム氏の場合は、その甥にあたる親類がインタビューに応じてくれた。キム氏の甥は、現在上集落で老人会の会長を務め、土地の請負制の施行直後から、リーダーシップを発揮して集落の経済利益に功績を発揮して、市行政からも表彰されている人である。

文革当時、彼は伯父の罪がいつ自分たちに飛び火するかと不安な時をすごした。抗日運動家として賛美されて当然のキム氏なのに、一〇年の監獄生活の果てに変節したとされ、詳細な調査もなされないままに、裏切り者として糾弾されたのである。

日本の敗戦前にソウル監獄から釈放されて延辺に戻ったキム氏は、村の自衛団による監視を予測したので、それから逃れるために黒龍江省に行き、そこで日本の敗戦と中華人民共和国の建国を迎えた。その後、かつて金日成とともに抗日革命運動をした経歴もあるので、北朝鮮への帰国も想定して個人的に北朝鮮を訪問した。ところが、北朝鮮の行政筋から北朝鮮で職業や地位を得るには、中国行政の組織的手続を踏んだほうが良いとアドバイスを受けたので、いったん中国に戻った。そして北朝鮮との国境に近く、妻の実家がある河北に滞在しながら行政手続きを進めようとしていた矢先に、文革が始まり糾弾の対象となり、昼夜を問わず追及されたあげく、村のはずれにある井戸に身を投げて死んだ[115]。その後、家族は村を去り、二度と村に戻ることはなかった。しかし、一九七九年には親族の働きかけによって、ようやく行政が無罪を認め、名誉が回復された。

キム氏が自殺した井戸の跡は今も残っており、旧鶏林集落の「海蘭江大虐殺」の現場であったことから名づけられたキウイシンゴール（鬼神谷）と同じく、村の悲劇をひっそりと伝えている。

5　負の連鎖に対する村民の対処

文革終了直後、村では文革時代の粛清の正当性をめぐって緊張していた。しかし現在では、「酒席」などの村民が本音を語り合う場で話題に上ることはほとんどない。文革を話題にすると「場の雰囲気を壊す」ため、避けられるようになったという。これは、加害者の立場からすると好都合だろうが、被害者の立場からすると納得できるだろうか。以下で、被害者の親族と村民の語りに耳を傾けて見よう。

まず、先に身を震わせ涙を流しながら父親に対する暴行について語っていたパク氏の次男の語りに注目しよう。彼の父が自衛団に加入したのは、集落レベルで組織されていた自衛団の勧誘があったからである。集落の一員として加入を断るのは困難であった。それはちょうど、現在において民兵組織[116]への加入を断りにくいのと同じような事情があったというのである。しかも、父の自衛団への加入には、もっと積極的な理由もあったらしいのである。一九三〇年代には、父の義兄（姉の夫）であるリン・ヨウセキ氏とその兄弟は共産党員として活動しており、自衛団組織の情報を得るために自衛団の勧誘に応じることを勧めた、それを父は受け入れたのだというのである。ところがそうした内密な事情は今では証明できない。その後、まもなく、義兄とその弟は日本軍に銃殺され、パク氏の自衛団加入の動機を証明する人はいなくなったのである。それにまた、自衛団員になったことは確かでも、父は直接人を殺したり、財産を奪ったりしたことはなかった。それどころか、ソ連軍が進攻し略奪が横行していたころ、父はソ連で生まれ育ち、ロシア語が堪能であったことを生かして集落を守ったこともあった。しかし、そうした事実や共産党に対する貢献を言い募ったとしても、弁明としてしか理解されないので、家族間だけで時折、話題にする程度だというのである。以上のように、父を含めた家族の受難をある程度は仕方ないこととして受け入れているのだが、それでもなお納得いかないことがあるという。父親はすでに一九四六年に「清算」を受けてそれなりの代償も払った。それにもかかわらず、文革でその昔の事件が蒸し返されて、暴行を加えられたことである。とはいえ、文革を主導し、父親を死に追いやった人たちは、すでに死んだり、村を出てしまっているので、この件で誰かを責めたり、復讐したりなどは全く考えてはいない。しかも、多少とも暴力行為に加担した人は、そのことについて明言はしなくても、表情などで「済まなかった」という気持ちをそれとなく、伝えてくる。それにまた、文革にまつわる話題は、村民の気分を害すものだから、それは極力避けて、ある時代の仕方ない出来事として納得するしかないと観念しているのである。

次に、日本警察に帰順したことで糾弾された鶏林集落の元少年団員に関しての村民の話を整理すると次のようになる。「みんな子供だった。今の中学生に銃を向けて、帰順を強いたとしたら、それに抵抗できる子供がいるだろうかと考えて、仕方ないものとして理解している。他方、被害者であるガン氏の二女は、どうだろうか。彼女は、自分と同じ立場にあったせいで精神障害の末に亡くなった同級生を助けられなかったことを悔いている。しかし、当時、革命烈士家族が多かった文革幹部や紅衛兵メンバーの立場になって考えてみれば、自分の家族を中国解放戦争で失ったのは、たとえ間接的であれ元自衛団や日本帰順者のせいということになり、暴力をふるいたくなる気持ちも分からないわけでもない、と理解を示す。しかも、父や自分をひどい目にあわせた当事者がいない今となっては、訴える相手もいない。だから、前向きに生きるしかないというのである。

さらには、自殺したキム氏の親類もまた、同じような論理を展開する。罪もない人を自殺に追い込んだ責任は大きく、家族は村民を見ることにも耐えられず、村を去らざるを得なかった。しかも、それを村民側も望んでいたに違いない。行政による名誉回復があったとはいえ、納得したわけではない。しかし、「悪人」がみな死んだ今、追及しても何かを得られるわけでもなく、「その時代」の被害者であったと自らを納得させている。

以上の語りから確認できることを整理しておこう。

何よりもまず、傷は癒えていないことである。次いでは、癒えていない傷をあたかも癒えたかのように、触れないで済まそうとする村民のほとんど共同的な振る舞いである。

そして、まるで癒えた傷であるかのようにするために、数々の論法が編み出されている。一つは過去のこととして封印する方法である。あるいは、時代の暴圧、あるいは若気の過ちに責を被せて、個々人の責任を免責する方法である。現代の青少年を喩えに出して、免責するのも、その一つである。次いでは、暗黙の裡に謝罪の表現を見出して、免責する方法もある。

総じて、同じ村に住むことを運命づけられた共同体の、今後を生きるための智慧とでもいうべきものが作用しているといえるだろう。とすれば、その共同体の智慧というものの内実を検討する必要があるだろう。それは果たして、智慧といった肯定的な表現で済ますことができるのであろうか。むしろ、そこに村落共同体の限界というものも顔をのぞかせているのではなかろうか。言い換えれば、村落共同体が備えている排除と包摂の論理とその機制というものに、立ち入ってみなくてはならないのである。

6　村の秩序維持の仕組み

上記のような生きるための知恵は、村の秩序維持のための免罪実践として、共同体が成員に要請したものなのだろうが、それを次のようにまとめることができる。

まず、大多数の成員を包摂するための免罪実践である。紛争後の村の成員には、「突出した存在」としての加害者と被害者のほかにも、加害者を支持していた者、暴力を傍観していた人、中立的立場をとっていた人、被害者に同情していた人、傷を負っている被害者の親族などとさまざまな立場が存在する。「不分割な一体」としての村落共同体にとって、免罪実践は「突出した存在」を除いた大多数の成員を均質化するプロセスであり、一体性・統一性を回復・確保することを通して、村落の秩序維持を達成するものである。

ただし、大多数の成員の包摂を可能にする実践は、同時に少数者の排除をともなわずにはいない。紛争後の村で、両極に対置されている加害者と被害者はその対照的な差異よりは、村の均質化を脅かす「突出した存在」としての同質性をもっている。だからこそ、村は、「悪人」に対しては、「すでに死んだ」、「村を出て行った」などでその不在を強調すると同時に、被害者に対しては、「村に住めないだろう」という同情や理解で「包装」された排除をしているのである。このように紛争は処理され、村は平穏を取り戻したかのように見える。

しかし、「村の共同的振る舞い」の規制によって可能になった包摂と排除が、負の連鎖の「種」をはらんでいることを忘れてはならない。包摂とそれを保証する排除によって、一件落着したかに見える村社会であるが、それらは共同体の規制をもって負の出来事を封印したことによるものである。一方では、傷は癒えてないのに、村での生活を継続したいとか生活せざるを得ない状況で、免罪という「村の共同的振る舞い」を受け入れなければならない人びとが存在する。他方では、免罪によっていわゆる「同じ村民」でありながらも、自責の念を抱え、何かをきっかけで今度は自分が攻撃の対象になるのではというように、用心しながら生活する人びとも存在する。このような不安要素は、政治社会状況の変化によって、村規制力が弱体化する隙に、新たな悲劇を呼ぶ負の連鎖の危険性をはらんでいるのである。

本章で述べてきた村の秩序維持の仕組みは、「突出した存在」をその正当性の有無にかかわらず排除しながら、大多数の成員を均質化することであった。それは同時に、均質化が民主的ではない「村の掟」という規制によって実践されるがゆえに、不安要素が潜在化し、次なる負の連鎖を引き起こす「種」をはらんでいる。

このような村の秩序維持の仕組みは、本書で取り上げた中国朝鮮族村に限られず、日本の村落社会の「村八分」など東アジアの多くの農村社会に普遍的なものである。共同体の凝縮力が強く、運命共同体的な共同性に多くを依拠する社会ほど、「掟」や厳しい制裁のもとで、成員の規範化からの逸脱を抑制することで、村の秩序を維持する。排除や負の連鎖の可能性をはらむ村落社会の包摂の問題は、相互扶助を目的とする共同体の共通で永遠の課題である。

注

(110) 誤った政治判断や決定によってもたらされた冤罪に対して名誉を回復させることをいう。
(111) 「帽子を取る」という原意を、「冤罪を晴らす」意味で用いた。
(112) 文革において、労働者階級の敵と分類された地主、富農、反革命分子、革命破壊分子、右派分子などを指す。
(113) 革命幹部、革命軍人、革命烈士、工人、農民のことであり、黒五類と対比的なものとされた。
(114) 大勢でからかったり、冷やかしたり、騒ぐことをいう。

(115) 親族は現在もなお、それは自殺などではなく、他殺の可能性があると考えている。
(116) 生産から離脱していない村民によって構成された武装組織であり、常備軍の助手あるいは後方組織と見なされている。

終章　自治と権力の相克を乗り越えて

本書では、中国少数民族である朝鮮族の村落における自治と権力の相克を乗り越える取り組みを、村民自治を手掛かりに論じてきた。その結果、厳格な中央集権的な統治下においても、下層における村落では、自治の基盤が引き継がれ、それによって行政と生活現場の間に生じる矛盾や齟齬を乗り越えようと努力している姿が浮き彫りになった。それらの事例を踏まえると、村落の自治と行政権力との相克は、必ずしも衝突や表立った抵抗だけでなく、村民の創意工夫による「社会関係資源」の活用の実践によって「平和裡」に解決されうることが明らかになった。

そして、〈創意工夫〉による「社会関係資源」の活用という実践には、次のような要件が必須であることを確認するに至った。

まず、「生成的自治」としての村民自治が基礎社会に備わっていることである。次に、村民自治が「埋め込み」機能によって行政権力に浸透を果たすことである。さらには、基礎社会における生活防衛・改善のためには、自らを拘束する政策・制度を利益の機会に反転させて、資源として活用することである。そして最後に、基礎社会のリーダーを中心に、政策・制度の資源化・活用の領域を限定することである。以下では、改めてそうしたことを確認したうえで、今後の課題を提示することで本論を閉じたい。

1 「社会関係資源」の活用という視角

本論では、調査対象地の特性に閉じこもることなく、可能な限り普遍性を確保するために、「社会関係資源」を当事者がいかに活用していくのかに着目し、「当該社会に居住する人びとの生活の立場」に立つべく努めてきた。

その議論は、「村民自治」の「生成要因」や「制度的合理性および将来性」に注目してきた政策論的、構造論的、制度論的研究視角がはらむ欠陥の反省にたって、新たに導入された機能的アプローチに始まる。そしてその機能的アプローチは、それまで周辺化されてきた「新制度」が、村民自治に及ぼす影響を捉えることを可能にした。ところが、特殊な事例研究に閉じこもりがちなために包括的で普遍的な検討の可能性を狭めてしまうという批判を免れなかった。

そこでさらに案出されたのが「国家コーポラティズム」と「社会コーポラティズム」という二つの類型化に基づく分析であった。その分析枠組によると、前者においては国家が利益集団に浸透していくのに対して、後者では逆に利益集団が国家へ浸透していく。要するに、村における「村民自治」制度の実施という「ローカルな国家コーポラティズム」は、基礎社会の自律性を促し、農村の民主化を促進し、村民の意見を国家制度に浸透させる「社会コーポラティズム」的側面も内包しうるのである。

要するに、そうした分析枠組は、「村民自治」の施行をめぐる国家と基礎社会との相互関係を捉え、さらには「政策に対する村の見解」を解明するうえで、特定の事例に限定されない包括的で普遍的な視角となりうるのである。しかし、それらは往々にして「政策に対する村民の見解」を問うことに重点が置かれがちで、村民の政策に対する民主性の確保や拡大、批判や改善の志向だけに関心を集中させる傾向が強いという一面性を否めない。

それに対して、村民の主体的運営という立場を堅持すれば、村民たちが生活の防衛・改善を至上目的として、その枠組みに基づいて、政策に何らかの利益を追求する姿が見えてきて、その意味において政策は活用可能な資源の一つともなりうるのである。したがって、「政策に対する村の見解」は、「村の日常生活における政策」の一側面にすぎず、村社会における政策の意味を問うためには、むしろ日常生活のなかでの村民による政策をも含めた「社会関係資源」の活用に目を向ける必要がある。そうしてこそ、対象地の特性に閉じこもることなく、日常生活のなかで制度がどのように位置づけられるのかが把握でき、一定の普遍性を保持した研究視座が維持できるのである（第二章）。さらには、この視座によってもたらされた制度の資源化、および自らの意思の国家権力への「埋め込み」などといった特質は、従来の中国農村研究の枠組みを超える可能性を展望させる。

ちなみに本書における「社会関係資源」には、三つの資源が想定されている。まずは、村民委員会組織法、土地政策や戸籍制度などの国家権力によってもたらされる「制度的資源」である。次いでは、村民委員会のような行政の末端組織の幹部と、伝統社会のリーダーという二重性を帯びた「混合資源」である。そして最後に、伝統組織や集落組織のような村落共同体における「基礎資源」である。〈創意工夫〉とは、この三つの資源に対するアプローチが相互に入れ子状になって現れるものである。なかでも、本論においてもっとも重視してきたのが最初にあげた「制度的資源」である。

2　創意工夫と村民自治

朝鮮族の農村社会は、統治を至上目的とした国家権力と、生活防衛・改善を至上目的とする村落自治との、相互作用によって形成・変容してきた。村が開かれて以来、政治状況がめまぐるしく変化するなかで、村民はその土地で生き続けるために、絶えず国家との関係を捉え直す必要に迫られてきた。ときには、国家を含む外部からの耐えがたい圧力を受けるなか、生活の営みに沿って政治勢力を選択してそのために戦うが、そうした支持勢力もひとたび政権を獲得すると、その政治・政策は必ずしも村落社会の生活改善や向上に直結するわけではないどころか、対立することもありうる。このように村落社会は、一方では政権への支持によって生活防衛を試みるが、他方ではその政権自体の政治・政策によってもたらされる矛盾や齟齬を乗り越えなければ生活を防衛することができない。

本書では、まさにこのような権力と生活防衛としての自治との相克を乗り越えようとする基礎社会の生活実践を見てきた。それは、共同体としての集落の利益に叶うような自発的で柔軟な工夫として立ち現れ、自主的な村民相互の連帯行為によってこそ実現される。要するに、村落共同体の実践行為なのである。

そして、このような集落を基盤とする村落自治と、国家権力との接点に、村民委員会が位置する。集落の構成員は、伝統的自治形態を外部権力の意志変化に柔軟に対応させるために、伝統組織による選挙形態や基準を「村民自治」の中核としての村民委員の選出に引き継がせる形で、村民委員会に自らの暮らしに根拠をもつ選挙基準の「埋め込み」を行う（第三章）。したがって、集落レベルの伝統組織と集落組織はもちろん、いくつかの集落の集合体の中核であると同時に末端行政でもある村民委員会も、基礎集落の村民自治の機能が「埋め込まれた」村落共同体としての機能を備えるのである。

このように形成された運命共同体としての村だからこそ、一般には行政や資本が主導する観光開発を、村民主体で開発・運営したり、出稼ぎとホームランドの土地経営の両立を可能にする「留守」システムを創り上げたり、行政の埋葬改革に対しては独自の解釈や実践を行うなど、村や村民主導の村運営を行うことが可能だったのである（第四・

五・六章）。

その生活実践は、生活の防衛・改善という目的にあわせた形で、政策を転用・利用、解釈したり、政治的な空気を読み込む力を駆使したり、農民戸籍を差別の象徴から農民の利益を保護する法律的根拠へと読み替えるなど、政策や制度を戦略的・戦術的に活用するための創意工夫に基づくものであった。

創意工夫とは、絶えず「社会関係資源」の活用の方法や手段を見出して、それを戦略的に実践する。まずは、村社会に貢献できる新たな可能性や価値を見出す。次いでは、あらゆる知識や経験を動員し、活用可能な「社会関係資源」を見極めたうえで、実践の意思決定を行う。さらには、集落あるいは村に適合する独創的な活用の方法や手段を生み出す。そして最後に、実践の領域を定める。このように、生活防衛や改善のための継続的な工夫を集団的かつ主体的に実践するのである。

つまり、生活者が役割分担を含む結合関係を結び、自らを取り巻く生活環境にかかわる歴史的経験、政治政策の変化などに関する知識や情報を把握するなど、可能な限りの多様な資源を組み合わせてこそ可能な創意工夫を発揮し、日々営みに有益な新しい価値や成果を作り出す創造的な実践行為に他ならない。

そうした創意工夫が村民自治を成り立たせているのだから、村民自治の検証とは、創意工夫による「社会関係資源」の利用や転用を明確に把握することに他ならない。

村民自治とは、絶えず多様な方式、形態で編み出される創意工夫の集合であり、限界に挑みながらも「火傷」を避ける工夫を怠らず、最大限に「社会関係資源」を取り込み、活用する実践を繰り返すことで、集落や村の生活を維持すると同時に、権力との平和的な関係を保持しようと努めるのである。

3　創意工夫の生活論理

本書の基本的な問題意識は、中国朝鮮族の村民自治のあり方を、生活をめぐる創意工夫を中心に検討すると同時に、小さな朝鮮族村の創意工夫を可能にした生活論理を解明することである。だからこそ、国家権力と村との間に齟齬、対立が生じそうになる度に、村民たちが編み出した創意工夫を確認・解明する必要があった。中国全体から見れば取るに足りない少数民族が、国家行政との齟齬を乗り越え、相対的に安定した生活環境を創出できたのは、いかなるプロセスの結果であり、それはまたどのような主体による実践の結果なのかを検討する必要があったからである。

ところで、農村を国家権力に対してもっぱら受動的な存在としてではなく、内在的・潜在的な自治力を備えたものとする視点は、実は先行研究にないわけではない。それは現代中国農村社会の宗族社会における共同体論なのだが、主に地域ごとの特性を備えたものとして、次のように論じられている。

華南地域は、水稲作地帯で同族村が多く、当然のごとく同族結合が強い。華中と江南地域は、商品貨幣経済を中心に、血縁・地縁関係を通じたさまざまな相互扶助の関係にある（石田　一九八六）。華北地域は、畑作地帯で、雑姓村が多く、地縁関係による結合と宗族による結合の混成体ということもあって、個人的利害によって再編されやすい構造にある（祁　二〇〇六）。東北地域は、畑作地帯で、異姓による結合関係を見せているが、実は異姓とはいっても、その間にはたいてい姻戚関係があり、血縁関係という儒教的な共同体性を備えつつも同時に、打算的な実利主義が絡んで分散性をも備えている（聶　一九九二）。

さらにその延長線上で、一九八〇年代から九〇年代にかけて精力的に中国農村調査を行ってきた石田浩は、地域ごとの地縁・血縁関係が中国農村社会でもつ重要な役割を指摘し、「生活共同体」という概念を提示した。それは概ね次の通りである。

農民の思考様式には、功利・打算的な面があり、その意味では資本主義的エートスと類似している。しかし、内的には農業生産力の不安定による生活の不安定が付きまとい、また外的には、外部からの圧力とそれにともなう社会的な不安定性を免れない。そのために、個人として自立できず、何らかの集団に帰属することによって自己の存立の可能性を追求する傾向が強い。そして、農村における帰属集団は村であり、これが「生活共同体」である（石田　一九八六：二八）。このような「生活共同体」の提唱によって、経済的基盤としての共同体的土地所有を中心に議論されてきた「村落共同体」が、人的結合による「生活共同体」に取って代わられることになった。

このような宗族社会の地域的な特徴に対して、本研究で取り上げた朝鮮族が集住している自治州も東北地域に位置しているが、同じ地域の宗族社会とは基本的に生活空間や生産の「棲み分け」を行ってきた。自治州内の漢族村は基本的に野菜栽培を行い、朝鮮族村は水田農業を中心に行ってきた。つまり、宗族社会が上記のような東北地域の地域性をもっていることに対して朝鮮族村は、水田農業による水管理などや少数者としての共同防衛という生活目的に基づく、貧困農民の地縁関係による結合が特徴であり、個人よりは集落および家の成員である意識によってその帰属が認識される集落から成っている。

そこで本書は、中国でも以上のように特殊な朝鮮族の地縁関係による人的結合や集団構造に加え、その生成的歴史過程をも絡めて相互媒介的に見ることで、創意工夫による生活防衛や改善という生活実践を論じてきたわけである。

朝鮮族村落は、権力もなく勢力もない人びとが水田農業と共同防衛を目的として、地縁・血縁関係と朝鮮半島からもち込んだ朝鮮式儒教文化によって結合し、それもあいまって父権家長性に基づく老人や男子を中心にする縦社会を形成してきた。ただし、これらの結合関係およびそれと密接な関係をもつ村落構造は、必ずしも不変的なものではなく、朝鮮族が歩んできた歴史に照応して変容してきた。

中朝国境を越えて中国東北地域に定着してから約百年、中国少数民族という政治概念を受け入れてからでも約半世紀、その間に階層差別や社会地位の区別がない貧困農民を主体として、自集団に依拠しながら外部権力との関係を構築・調整を余儀なくされる日常生活によって形成されたのである。それは、朝鮮半島における李朝、中国東北地域における清朝、民国、満州国統治下における受苦の連続のなかで、生活難から脱する方途として、共産党政権と手を携えて反日闘争と解放戦争（共産党と国民党による内戦）を展開することで、公民としての権利獲得の根拠を整え、少数民族としての位置づけを受け入れてきた。このような生活史こそが、その後に続く厳しい政治運動のなかでも、現政権に対する不変の支持と、不断の創意工夫によって政治政策との齟齬を乗り越える実践と、民族的帰属と国家的帰属を同時に受け入れる多重的帰属意識を保持してきた根源なのである。

朝鮮族村落の内在的・潜在的自治は、上記のような歴史過程と村落構造の相互媒介によって形成され、一方では、国家、民族、政治、経済などあらゆる社会的側面における生活保持や向上につながる要素を積極的に受け入れて民族伝統文化と融合させると同時に、国家や民族のはざまで社会的地位や権力においては甚だ不利な少数民族だからこそ、個人よりは村という社会集団に帰属することで、社会的存在の承認が得られるという強い信憑、そしてそれを含む思考様式を生活論理としているのである。

4　国家権力と宗族社会からの再検討

上記のような創意工夫する村は、一見自立的な実践主体であるかのように見えるが、もちろんその実践は国家権力による支配への対応など、相互作用の結果である。

政治政策と生活実態との乖離が多く認識されている現在でさえも、共産党政権自体を否定する「民の声」を聴くことはほとんどない。むしろ、「現国際情勢と近代化のなかでは、共産党以外の誰も中国を率いることはできない」との認識が一般的である。このような村だからこそ、自治と権力の相克を乗り越えるための創意工夫を繰り返しているのである。

本書では、そうした創意工夫による「社会関係資源」の活用の可能性は、朝鮮族村落社会の共同性に基盤をもっていることを検証してきたが、それは果たして中国において多数派を占める宗族社会においても有効な議論になるだろうか。

そうした問いに対する解答の糸口を見つけるために、まずは朝鮮族村の民族性を宗族社会のそれと比較してみると次のような相違点が明らかである。

第一に、宗族の「村落」構造と朝鮮族の集落構造の差異である。血縁関係などをベースに、個人を起点とする「差序格局」という概念で説明される宗族社会は、次のような「村落」の基本構造をもつとされる。「村落」は、個々の人間のつながりにより、状況に応じてさまざまな形態と多様な範囲に及ぶ個別的結合の「総和」であり、「村民」は自己意識の存在を所与のものとして想定せず、村落をクロスカットする他の個別的結合と併存する相対的・複合的な自己意識をもつようになる（田原　二〇〇一：五）。それに対して、朝鮮族の集落構造は、第三章と六章で論じたように、冠婚葬祭を中心に年長者や男子が結合する厳格な縦社会であり、家の成員はその家の年長者や男子を代表として「われわれ意識」をもち、「外」との比較において「内」を認識する。このような家の集まりが集落となり、そしてさらにはそうした集落が集まって村になっているのが朝鮮族の村社会である。

第二に、組織性にかかわる差異である。宗族社会の組織性は、個別的結合の「総和」として非組織的状況を呈したり、私益の合致による利益集団の形成状況にあったりする。個人の利益を起点として、その時々の状況に応じて組織的であったり、非組織的であったりするといった状況は、相対的・複合的な属性をもつことになる。そのために、人びとは容易に組織の形成と解体を繰り返し、組織への加入と離脱も容易になされる。このような属性は、「村落」社会内部に派閥が派生しやすい条件も提供している。それに対して、朝鮮族の集落社会の場合は、第三章の村民委員選挙を主導する集落自治形態や、第七章の排除と包摂の仕組みにその組織性が集約されている。そこでは、集落で生活していること自体が集落成員であることを意味し、この集落社会の根底には伝統組織と集落組織のような自治的組織が存在する。成員は、集落で生活している限りは集落の成員であり、集落行事などの共同活動への参加の拒否は、集落外への排除という結果を招来する。

第三に、村落における支配関係の差異である。宗族の「村落」の枠組は、究極的には「実力主義」によってその秩序が維持されている（田原　二〇〇一：九）。そのために、非組織的な状況における村の課題への対処ももっぱら有力者たる村民委員に頼りがちで、自発的な宗教活動も、村民に対して威信のある信仰的リーダーと村の幹部という有力者間の相互作用によって可否が決定される（祁　二〇〇六：三一三）など、有力者のリーダーシップによって左右される。それに対して、朝鮮族の集落は、集落の権力構造の上位に位置する年長者と男子を中心に秩序が維持され、例え民主性が欠如していても、その秩序に各人が自らの意志を沿わせることを強いられるという規制が存在する。

上記のような宗族と朝鮮族の村落社会の構造の比較からは、朝鮮族村落が固有の自治力をもっているからこそ創意工夫が可能であるのに対して、宗族社会には自治力がないので、創意工夫は不可能であるという結論になりかねない。しかし、このような構造の比較だけでそうした結論を導くことは短絡的である。

本書が、権力と自治の相克の検討の過程で抽出した朝鮮族村における創意工夫は、村落構造という固有の論理によりながらも「生活の論理」に注目したからこそ得られた見地である。したがって、宗族社会においても村落構造だけでなく、私益観念や生活に密着してその内部において展開されている生活の論理と村民自治との関係が再検討される必要がある。それが十全になされてこそ、従来の中国農村研究の枠組みを超えた村民自治の内在的研究が可能だろう。

5　今後の課題

本書では、自治と権力の相克を乗り越えるための村のさまざまな試みを検討し、なかでも、自らを束縛しかねない国家権力の政策などもまた資源化する戦術的実践、そしてそれを可能ならしめた歴史や一連のプロセスに主眼を置いて、村民自治の可能性を肯定的に議論してきた。そのうえで、第七章では、村の自治を可能ならしめている秩序維持の仕組みが、実は他方で「突出した存在」をその正当性にかかわらず排除することで成り立っているという村民自治の負の側面も指摘した。要するに、六章までは村民自治の「明」の側面に着目したことに対して、七章ではその「暗」の側面、言い換えると、村民自治の限界を指摘することによって、村民自治の「明」と「暗」を含む全体像を明らかにしようとしたわけである。

本書は、ピラミッド型のヒエラルキー社会構造における、上位階層の人びと同士の関係、例えば経済と権力の癒着のような問題、あるいは、生活レベルや社会的地位が同じ階層の人びと同士や集団間の交渉や関係の問題を扱っているわけでもない。それらが「ヨコ関係」の交渉や取引とすれば、本書は「タテ関係」のメカニズムを議論してきた。絶対的な権力と莫大な経済力を掌握している上層階層と、わずかな資源しかもたない最下層との間における交渉や取引の問題を扱い、とりわけ、その一つとしての下層が上層部権力をも自らの資源とするプロセスに焦点をあててきた。その結果、村落社会の協同関係による国家権力への対応の一つとしての「社会関係資源」の活用など、内部の緊密な関係性を担保にした外向きの側面を「明るく」提示するに至ったのである。

それに対して、第七章では、外向きにはもっぱら明の側面が際立つ緊密な村落共同体がはらむ暗の側面について言及した。

全国的に激しいイデオロギー闘争の嵐が吹き荒れ、それがしばしば「階級」間、民族間、そして、さまざまな集団間、個人間の血なまぐさい対立を招来した。当然、その傷跡は至る所で残っている。だからこそ、それが新たな火種にならないように、国家はさまざまな規則を設ける。場合によっては名誉回復その他のシンボリックな調整が行われるが、その一方では、行政によって厳格に「不問領域」が設定される。そうした政治情勢の下、内部に被害者と加害者を同時に抱え込んだ小さな共同体でも、それについては「寝た子を起こすな」という規制が村民一致の形でなされる。いわば包摂と排除の機制の作動である。

それは文革という際立った大事件にまつわるものではあるが、村の安寧、秩序維持、生活防衛と改善のための創造性の背後には、村の歴史が始まって以来、事の大小を問わず、こうした排除の機制が作動していたことが容易に推察できる。そうした「暗」の側面がむしろ「明」を支えてきたともいえないわけではない。

翻って考えてみると、このような村民自治の限界は、その初期においてすでに露呈していたものだった。例えば、日本軍と共産党の支持をめぐって二つの集落が対立し、いわば同族かつ同村人同士が殺し合うという惨劇を招いたこともあった。同じことが、文革の過程で反復されて、現在までその傷跡を引きずっている。

厳しい国家間、さらには国家内部の争闘・対立の影響を直接的に蒙ってきた朝鮮族村落にとって、それは不可避であるからこそ、生活と共同体を守るために、数々の暗黙のうちの規制がなされてきた。ついつい牧歌的に語られがちな村民自治の生成と変容を動態的に理解しようとすれば、そうした村における排除と包摂の機制を看過するわけにはいかないのである。

共同体の安定を図るための排除はしかし、その一方で、抑圧された不満を負のエネルギーとして蓄積させる。そして、そうした負のエネルギーの噴出に対する警戒心を増幅させて、そのためにますます厳しい「村の共同的振る舞い」が要請されるといったような悪循環に陥りかねない。

そうした緊密な村落共同体に潜在する危機を回避する手立てはあるだろうか。外部権力によって移動が厳しく制限されるからこそ、閉鎖性が著しく高い共同体では、それは甚だ難しく、ときには、村落内部における紛争といった形で噴出する場合もなくはなかった。

ところが、今や時代は大きく変わった。改革開放とグローバル化のなかで、一九九〇年代以降から村民の国内移動およびトランスナショナルな移動が繰り返されるようになった。そのことが村にもたらした影響、そしてそれへの対処については、出稼ぎとホームランドの土地運営を両立させる工夫（第五章）や、移動にあわせて葬礼慣習を変化させる実践（第六章）でもすでに十分以上に確認した通りである。

しかし、そこでは充分に触れなかった事柄がある。「閉鎖的村落社会」から「開放的村落社会」への移行は、負のエネルギーの蓄積を回避することをも可能にしたことである。今や村民たちは、限界を超えそうな問題や不満があれば、いつでも村を離れることができる。しかも、村を去ったからといって関係を断絶するとは限らない。村落共同体とは直接的な対面関係を続けなくとも、外地での生活を営むために、さまざまな形で村落共同体が備える人的資源などを活用し続ける。そしてやがて、それなりに関係を継続してきたからこそ、改めて帰郷して、共同体の一翼を担って活躍することも充分に可能になった。またこうした移動によって、「閉鎖的村落社会」では蓄積して沈殿する一方であった負のエネルギーが、ほどほどに放出可能となったのである。さらには、外部社会で蓄積した経験を生かして、緊密だからこそ息苦しい側面も備えている村社会を「居心地よく開放的な村社会」へと変えていく工夫が試みられるようにもなる。

本書では、一般的には否定的に語られがちな村民自治に対して、その肯定的側面を浮き上がらせるべく努めてきたので、そうした負の側面に対する対応については、特に移動との関連で充分に論じることができず、議論の方向性の提示に留まらざるを得なかった。したがって、この論点に関しては、移動が村落社会にもたらす影響を含めて、さらに包括的で体系的な実証研究が必要であろう。今後の大きな課題である。

そのほかにも、本書の議論によって、新たに数々の課題が浮き上がってきた。

まず、本書はやはりもっぱら一つの村を対象にしての議論という性格が強く、この議論を朝鮮族村に普遍的に適用できるかどうかについて、疑問を抱く向きもあるだろう。筆者としては、そのことに留意しつつ、できるだけ普遍性を確保するべく努めてきたが、それでもやはり、朝鮮族に限っても、個別性を普遍性とつなげるようなさらなる事例研究の蓄積が必須であろう。

次いでは、朝鮮族社会と漢族社会（宗族社会）の比較についてである。その比較は、漢族社会には朝鮮族の村落のような自治力がないということを論じているわけではない。朝鮮族が歴史的に備えるに至った固有の論理によりながら村民自治を検討したのだが、そうした作業は漢族の宗族社会にも適応可能なはずである。しかし、そうするためには、漢族の宗族社会における具体的で日常的な生活の論理とそれに基づく共同体、あるいはその自治にかかわる調査が必要である。

村民自治は山鵬村のような「個々の村の意思」によって構築されていく。村の村民委員選挙、観光開発、人口移動問題、埋葬改革などという限られた対象であったが、その生成と変容の過程に関する議論は、朝鮮族に限らず中国全体の村民自治、創意工夫、「社会関係資源」などについての研究の展望を切り開く可能性をもっている。

あとがき

はじめにでも触れたように、筆者は中国朝鮮族の一員であり、そうした呼称に違和感を覚えず、自称としても用いている。その延長上で、日本では周辺的存在として位置づけられた在日中国朝鮮族という呼称もまた、ごく自然に受け入れている。

ただし、在日中国朝鮮族として、朝鮮半島、中国、日本と一定の関係性を備えていても、筆者は、韓国語を本場の「韓国人」ほどには操れないし、韓国のこともそれほど分かっているわけではない。そのせいで、筆者が話す韓国語が怪しいといわんばかりの目差しを向けられることもある。要するに、「韓国人」の「純粋な血統」とは程遠いコリアンの「マイノリティ」であり、「マジョリティからの差別的対象」となる存在でもある。さらには、中国においても少数民族の一員であり、日本においても在日中国朝鮮族という周辺的な存在として「マイノリティ」に位置づけられる。

ところがその一方で、「韓国人」よりは中国語を話せるし、中国のことを知っている。また、一般の中国人や韓国人に比べれば、日本語を話せて日本のことが分かっているに違いない。日本のあるテレビ局の取材で韓国へ同行した際に、中国人が韓国語と日本語の通訳をすることに対して、「なぜ韓国語ができるんですか？」と不思議がられ、三ヶ国語を操れるなんてすごいと、リップサービスを込めて褒められたこともある。

三国のどこでも「マイノリティ」として、「深く狭く」その国のことが分からないけれども、どこでも「浅く広く」分かる筆者は、なんとも「中途半端」な存在である。しかしその反面、筆者は三つの国の言語ができ、ある程度は事情が分かるという意味では「希少資源」ということにもなるらしい。

このように、「中途半端」と「希少資源」としての日本生活は、決して居心地が悪いものではない。なるほど、「日本人」との交流のなかでは、「根回し」ができず、「空気を読めない」からと、「日本人」から「呆れ」られる。その反面、「中国」や「韓国」関連のことで「助け」を求められたりする便利屋さんでもある。そしてやがて、「空気を読めない」のは、「外人さん」だから仕方ないと許され、「空気を読むこと」を求められなくなったし、あげくは「空気を読めない」ことで誤解されて困るのではないかと、周囲から心配してもらえるようになった。そして筆者もまた、そんな気遣いに抵抗なく「甘え」るようになったし、自分の「希少資源」をどうか活用してもらうように心懸けるようになった。だから、多くの「日本人」もそんな筆者の「殊勝な心がけ」受け入れて、筆者に「甘え」てほしいと思ったりもするようになった。

本書は、このような「中途半端」と「希少資源」を生きる筆者が一〇年間にわたるフィールドワークを通して発展するに至った、中国朝鮮族の村落社会の生活現場における「国家を生きる村」の素顔である。

※　　※　　※

本書を完成するにあたっては実に多様な人びとのご助力を頂いた。そのなかでもまずは、調査に快くご協力してくださった山鵬村の方々に心から感謝申し上げたい。

三年前に二年間の闘病のすえに亡くなった新龍集落の朴さんは、「今年は特に甘い」といいながら畑で摘んだばかりのトウモロコシをもたしてくださった。二年前に心臓病で急死した金さんは、出稼ぎの子供たちのことを思い「私は土葬でなくでもいい、子供たちの意思に従う」と、筆者に子供を思う親心を打ち明けていらしたが、そうした父の意思を察した子供たちによって今は集落の山に眠っている。

調査当初に、一緒にお酒を交わしていた最年長層の六名の老人（男性）のなかで、唯一今なお健在である小河龍集落の崔さんは今も、冗談で筆者を出迎えてくれる。庭に育っているトマトやキュウリをもぎ取っては、自分の服の裾で拭いて「食べなさい」と勧めてくれる姿に、筆者も今ではすっかり慣れてしまった。

そして、店の窓越しに通りかかる筆者を見つけては、売り物の水やアイスをもって追いかけてくれるおばさんは、今年も大きな声で呼び止めてくれるだろう。そのほか、日本での生活は厳しくないかと心配してくれる人、屠ったばかりの牛肉と山で採ってきた山菜が山盛りの食事に誘ってくれる人、そうした方々の名前をすべて挙げることはできないが、どれほど村人たちの世話になったことか。

特に、実の妹のように接してくれ、一〇年間の調査をサポートしてくれた村の小学校教員である朴先生夫婦には、感謝の気持ちでいっぱいである。

このような人情味あふれる方々によって、調査対象村も今や筆者の「故郷」となった。「故郷」の「千年松」の木蔭は、筆者のお気に入りの場所であり、そこで村の全景を眺めることが筆者の楽しみの一つとなっている。このような「故郷」を与えてくれた村人たちに、「감사합나다（カムサハムニダ）」と「谢谢（シエシエ）」を伝えたい。

※　※　※

本書は、関西学院大学社会学研究科に提出（二〇一二年度）した博士論文「国家を生きる少数民族村――朝鮮族村の村民自治における創意工夫」に加筆・修正を施したものである。

また、本書の各章はそれぞれ以下の論文を下敷きにしている。各論文の掲載文献リストは次の通りである。

第一章は、「国家と民族のはざまの歴史」、『関西学院大学社会学部紀要』第一〇六号、関西学院大学社会学部研究会、二〇〇八。

第二章は、「村における政策が意味するもの」、『朝鮮族研究学会誌』創刊号、朝鮮族研究学会、二〇一一。

第三章は、「村民委員選挙から見る村民自治」、『関西学院大学先端社会研究所紀要』第七号、関西学院大学先端社会研究所、二〇一二。

第四章は、「観光開発から見る国家の力と村の意思」、『中国21』Vol.34、愛知大学現代中国学会、二〇一一。

第五章は、「国境を越えた労働移動に伴う村落における『留守』の仕組み」、『日中社会学研究』一九号、日中社会学会、二〇一一。

第六章は、「墓地をめぐる行政の力と村の意思」、『ソシオロジ』一七三号、ソシオロジ同人会、二〇一二。

本書の刊行にあたっては、独立行政法人日本学術振興会の平成二六年度科学研究費補助金（研究成果公開促進費による学術図書）の助成をいただいた。その支援がなければ、筆者が博士論文の成果を公開する機会に恵まれることはなかっただろう。記して感謝申し上げたい。

論文の作成過程でも実に数多くの方々のお世話になった。

まずは、博士課程後期課程の指導教員の古川彰先生である。筆者の研究状況に合わせた指導だけでなく、タイミングよく「助け舟」を出してくれる気遣いを数多く賜った。また、ゼミでは京都大学の松田素二先生から多くの指導をいただいた。文化人類学の基礎知識から今日の研究動向に至る先生の解説は、理論的素養が欠けていた筆者をつねに刺激していた。両先生からは、現在もご指導を賜っており、今後の研究活動やその成果で、「謝恩」していきたい。

同時に、博士論文の完成まではゼミの荒木康代、土屋雄一郎先輩の暖かい支援が欠かせなかった。ゼミの研究仲間には心から感謝申し上げる。

関西学院大学の高坂健次先生には言葉で表せないほどの指導や支援を受けてきた。先生の妥協のない研究姿勢からは、学びの厳しさと同時に楽しみを教えていただいた。また、先生のさりげない気遣いで、幾度もなく折れそうな心が救われた。深い敬意と感謝でいっぱいである。

また、本書の刊行まで、心を砕いてくださった玄善允先生にも、心から感謝を申し上げたい。論文指導だけでなく、不安な研究生活の節目々々にどれだけ勇気をもらったことか、言葉で表せないほど世話になっている。

最後に、政治社会の厳しさを自らの後ろ姿で筆者に教えてくれた今や亡き父と、不安を抱えながらも笑顔で日本へ送り出してくれた母、今日に至るまで見守ってくれた家族への感謝をもって、この本の締めくくりとする。

皆さん、ありがとうございました。

二〇一四年七月

林　梅

参考文献

有賀喜左衛門、二〇〇〇、『村の生活組織』未来社。

エドワード・テハン・チャン、二〇〇七、「中国東北部（満州）への朝鮮人移住１８６９−１９４５——日本の植民地支配への抵抗」『ディアスポラとしてのコリアン——北米・東アジア・中央アジア』（高全恵星監修・柏崎千佳子訳）新幹社、三二九−三四四頁。

石田浩、一九八六、『中国農村社会経済構造の研究』晃洋書房。

石田浩、二〇〇三、『貧困と出稼ぎ——中国「西部大開発」の課題』晃洋書房。

江口伸吾、二〇〇五、「中国江蘇省における村民自治制度の導入と農村統治——『ローカルな国家コーポラティズム』の視点から」島根県立大学『北東アジア研究』第九号、一九−四九頁。

江口伸吾、二〇〇六、『中国農村における社会変動と統治構造——改革・開放期の市場経済化を契機として』国際書院。

高永一、二〇〇三、『朝鮮族簡明史』民族出版社。

国務院、一九八五、『殯葬管理に関する国務院の臨時規定』。

国務院、一九九五、『陳情条例』（人民日報、一九九五年一一月一日）。

国務院、一九九七、『殯葬管理条例』。

国務院、一九九八、『村民委員会組織法』中国法制出版社。

国務院、二〇〇四、『農村土地承包法規定』中国法制出版社。

バーナード・オリビエ、二〇〇七、「中国東北コリアンの政治的手段としての民族性——１９４５年以前から現在まで」『ディアスポラとしてのコリアン——北米・東アジア・中央アジア』（高全恵星監修・柏崎千佳子訳）新幹社、二七〇−二八九頁。

旗田巍、一九七三、『中国村落と共同体理論』岩波書店。

白銀珠、二〇〇六、「ニューヨークにおける中国朝鮮族」朝鮮族研究学会編『朝鮮族のグローバルな移動と国際ネットワーク』アジア経済文化研究所、二七五－二八八頁。

費孝通、二〇〇三、『中華民族多元一体格局』中央民族大学出版社。

費孝通、二〇〇六、「エスニシティーの研究――中国の民族に関する私の研究と見解」（塚田誠文訳）瀬川昌久・西澤治彦編訳『中国文化人類学リーディングス』風響社、三一一－三三〇頁。

費孝通、二〇〇七、『郷土中国』上海人民出版社。

星野昌裕、二〇〇八、「国家統治システムの再検討を迫られる中国」学芸総合誌・季刊『環――歴史、環境、文明』Vol.34、藤原書店、一六二－一六九頁。

古川彰・松田素二、二〇〇三、『観光と環境の社会学』新曜社。

古川彰、二〇〇四『村の生活環境史』世界思想社。

兼重努、二〇〇八、「民族観光の産業化と地元民の対応――広西三江トン族程陽景区の事例から」愛知大学現代中国学会編『中国』Vol.29、風媒社、一三三－一六〇頁。

厳家祺・高皋、一九九六、『文革十年史』（辻康吾訳）岩波書店。

厳善平、一九九七、『中国農村・農業経済の転換』勁草書房。

祁建民、二〇〇六、『中国における社会結合と国家権力』御茶の水書房。

加々美光行、二〇〇八、『中国の民族問題』岩波書店。

韓景旭、二〇〇一、『韓国・朝鮮系中国人＝朝鮮族』中国書店。

浜口允子、二〇〇一、「毛沢東時代の村・村と幹部」『村から中国を読む』青木書店、一一三－一五〇頁。

韓敏、一九九六、「中国観光のフロンティア」山下晋司編『観光人類学』新曜社、一六九－一七七頁。

権香淑、二〇一一、『移動する朝鮮族――エスニック・マイノリティの自己統治』彩流社。

清水美和、二〇〇二、『中国農民の反乱――昇竜のアキレス腱』講談社。

清水盛光、一九三九、『支那社会の研究』岩波書店。

金美花、二〇〇七、『中国東北農村社会と朝鮮人の教育——吉林省延吉県楊城村の事例を中心として（一九三〇－一九四九年）』御茶の水書房。

金学鉄、一九九六、『20世紀の神話』韓国創作批評社。

金強一、二〇〇一、『中国朝鮮族社会の文化優勢と発展戦略』延辺人民出版社。

金哲浩、二〇〇四・九から二年間九四回シリーズ、「私たちの歴史を正しく理解して生きよう」『延辺日報』（延辺朝鮮族自治州を代表する新聞）。

クォン・テファン、二〇〇七、「見通しが立たない朝鮮族の将来」高全恵星監修・柏崎千佳子訳『ディアスポラとしてのコリアン——北米・東アジア・中央アジア』新幹社、一九〇－三一九頁。

黒田由彦、二〇〇九、「都市の住民組織と自治」黒田由彦・南裕子編『中国における住民組織の再編と自治への模索——地域自治の存立基盤』（日中社会学叢書）明石書店、二六－五三頁。

高士栄・李俊彦編、二〇〇六、『中国社会年報』蘭州大学出版社。

許輝勛、二〇〇七、『朝鮮族民俗文化と中国特色』延辺大学出版社。

許明哲、二〇〇九、「開放時代における朝鮮族共同体の進路」『延辺大学建校60周年国際学会会議　論文集』。

松村嘉久、二〇〇九、「観光大国への道のり」佐々木信彰監修『中国の改革開放30年の明暗——とける国境・ゆらぐ国内』世界思想社。

松田素二、二〇〇九、『日常人類学宣言！——生活世界の深層へ／から』世界思想社。

宮崎満、二〇〇九、「農民工『流動』子弟の教育問題」根橋正一・東美晴編『移動する人びとと中国にみる多元的社会——史的展開と問題状況』明石書店、一六六－一九一頁。

南裕子、二〇〇九、「中国農村自治の存立構造と展開可能性」黒田由彦・南裕子編『中国における住民組織の再編と自治への模索——地域自治の存立基盤』（日中社会学叢書）明石書店、二二五－二五六頁。

中根千枝、一九六七、『タテ社会の人間関係――単一社会の理論』講談社現代新書。

中兼和津次、二〇〇七、「『三農問題』を考える」愛知大学現代中国会『中国21』Vol.26、風媒社、二七－四六頁。

根橋正一、二〇〇九、「中国における移動の研究を構想する」根橋正一・東美晴編『移動する人びとと中国にみる多元的社会――史的展開と問題状況』明石書店、二七七－二九二頁。

聶莉莉、一九九二、『劉堡――中国東北地方の宗族とその変容』東京大学出版会。

西野真由、二〇〇〇、『華南地域における農村労働力流動に関する実証的研究』アジア政経学会。

大島一二、一九九六、『中国の出稼ぎ労働者――農村労働力流動の現状とゆくえ――』芦書房。

大島一二・西野真由、二〇〇七、「中国における農村労働力移動の深化と課題――都市への移動と定位」愛知大学現代中国学会編『中国二一』Vol.26、風媒社、八九－一〇二頁。

太田好信、一九九八、『トランスポジションの思想――文化人類学の再想像』世界思想社。

王文亮、二〇〇八、「中国における『三農観光』の現状と課題」『中国21』Vol.29、風媒社、七七－九四頁。

北京大学朝鮮族研究所、二〇〇〇、『中国朝鮮民族文化史大系――民族史』民族出版社。

北京大学朝鮮族研究所、二〇〇六、『中国朝鮮民族文化史大系――思想史』民族出版社。

北京大学朝鮮族研究所、二〇〇六、『中国朝鮮民族文化史大系――宗教史』民族出版社。

北京中央会議、一九六一、『農村人民公社仕事条例（修正草案）』。

李愛俐娥、二〇〇六、「ロシア沿海州地方における中国朝鮮族の現状」朝鮮族研究学会編『朝鮮族のグローバルな移動と国際ネットワーク』アジア経済文化研究所、二六七－二七四頁。

李美花、二〇〇九、「延辺地域における農村安定に関する研究」『延辺大学建校60周年国際学会会議　論文集』、一〇七－一一二頁。

李勁松、二〇〇六、『国境を越える中国朝鮮族の移動と朝鮮族コミュニティの再構築――ソウル・東京における朝鮮族移動者を中心に』富士ゼロックス小林節太郎記念基金。

李培林、二〇〇八、「中国流動民工の社会的ネットワーク」中村則弘編『脱オリエンタリズムと中国文化――新たな社会の構想を求めて』明石書店、一一八－一三七頁。

李強、二〇〇四、『中国の社会階層と貧富の格差』（高坂健次・李為監訳）、ハーベスト社。

李承律、二〇〇九、『東北アジア時代と朝鮮族』博英社。

陸学芸、二〇〇八、「発展・変化しつつある中国農業、農村と農民」中村則弘編『脱オリエンタリズムと中国文化――新たな社会の構想を求めて』明石書店、一三八－一五三頁。

柳銀珪、二〇〇七、『延辺文化大革命――10年の約束』土香出版。

崔長山、二〇〇六、『海蘭江大惨案』延辺出版社。

佐々木衛、二〇〇七、「都市移動者の社会ネットワーク」佐々木衛編『越境する移動とコミュニティの再構築』東方書店、三－八頁。

孫春日、二〇〇一、『解放前東北朝鮮族土地関連史研究』吉林人民出版社。

周平、二〇〇八、「中国における戸籍管理制度とその改革――『農民工』問題に関連して」東アジア学会編『東アジア研究』六、五七－五九頁。

滝田豪、二〇〇九、「『村民自治』の衰退と『住民組織』のゆくえ」黒田由彦・南裕子編『中国における住民組織の再編と自治への模索――地域自治の存立基盤』（日中社会学叢書）明石書店、一九一－二一四頁。

滝沢秀樹、二〇〇八、『朝鮮民族の近代国家形成史序説――中国東北と南北朝鮮』御茶の水書房。

高山陽子、二〇〇七、『民族の幻影――中国民族観光の行方』東北大学出版社。

鄭雅英、二〇〇八、「韓国の在外同胞移住労働者――中国朝鮮族労働者の受け入れ過程と現状分析」立命館国際地方研究所編『立命館国際地方研究』二六、七七－九六頁。

鄭喜淑、二〇〇九、『朝鮮族集居地の文化産業・発展戦略――延辺朝鮮族集居村を事例に』、第三回在日本中国朝鮮族国際シンポジウム。

鶴嶋雪嶺、二〇〇〇、『豆満江地域開発』関西大学出版。

朝鮮族略史編集組、一九八六、『朝鮮族略史』延辺人民出版社。

張文明、二〇〇六、『中国村民自治の実証研究』御茶の水書房。

張玉林、二〇〇一、『転換期の中国国家と農民（1978～1998）』農林統計協会。

張玉林、二〇〇八、「離村時代の中国農村家族――『民工潮』がもたらした農村社会の解体」首藤明和・落合恵美子・小林一穂編『分岐する現代中国家族――個人と家族の再編成』明石書店、三〇二－三三六頁。

張恩華、二〇〇八、「中国の『紅色旅遊』――共産主義から消費主義へ、革命から余暇へ」愛知大学現代中国会編『中国21』Vol.29、風媒社、一六一－一八二頁。

中国共産党中央委員会、一九五一、『農業生産互助合作の決議（草案）』。

中国共産党中央、一九五八、「農村建設における人民公社化の高揚に関して」『人民日報』（九月一〇日）。

中国共産党全国土地会議、一九四七、『中国土地法大綱』。

中国共産党中央委員会、一九六七、「無産階級文革に関する決議」『人民日報』（八月九日）。

中国共産党中央、一九七九、『農業発展加速の若干の問題に関する決議』。

中国農民工問題研究総括起草班（温家宝の指示によって、国務院が主導して、二〇〇五年四月に成立した研究グループ）、二〇〇六、『中国農民工問題総括』。

中国朝鮮族研究会編、二〇〇六、『朝鮮族のグローバルな移動と国際ネットワーク』アジア経済文化研究所。

中華人民共和国主席公布（第1期全国人民代表大会第3回会議通過）、一九五六、『中華人民共和国高級農業生産合作社模範規定草案』。

中央人民政府委員会第八回会議、一九五〇、『中華人民共和国土地改革法』。

中共中央文献編集委員会、二〇〇四、『劉少奇選集』人民出版社。

田原史起、二〇〇〇、「村落統治と村民自治――伝統的権力構造からのアプローチ」天児慧・菱田雅晴編『深層の中国社会』

勁草書房、八五－一一七頁。

田原史起、二〇〇一、「村落自治の構造分析」社団法人中国研究所編『中国研究月報』五五（五）一－二三頁。

田原史起、二〇〇四、『中国農村の権力構造——建国初期のエリート再編』御茶の水書房。

陳桂棣・春桃著、二〇〇五、『中国農民調査』（納村公子・椙田雅美訳）文藝春秋。

内山雅生、二〇〇九、『日本の中国農村調査と伝統社会』御茶の水書房。

楊海英、二〇〇九、『墓標なき草原（上・下）』岩波書店。

姚洋、二〇〇七、「中国の土地所有制度と問題点」愛知大学現代中国会編『中国21』Vol.26、風媒社、二一五－二四四頁。

全国人民代表大会常務委員会第二四回会議、一九五五、『農業生産合作社模範規定草案』。

全国人民代表大会常務委員会、一九八八年六月、『村民委員会組織法（試行）』（一九九八年一一月『村民委員会組織法』）。

付録

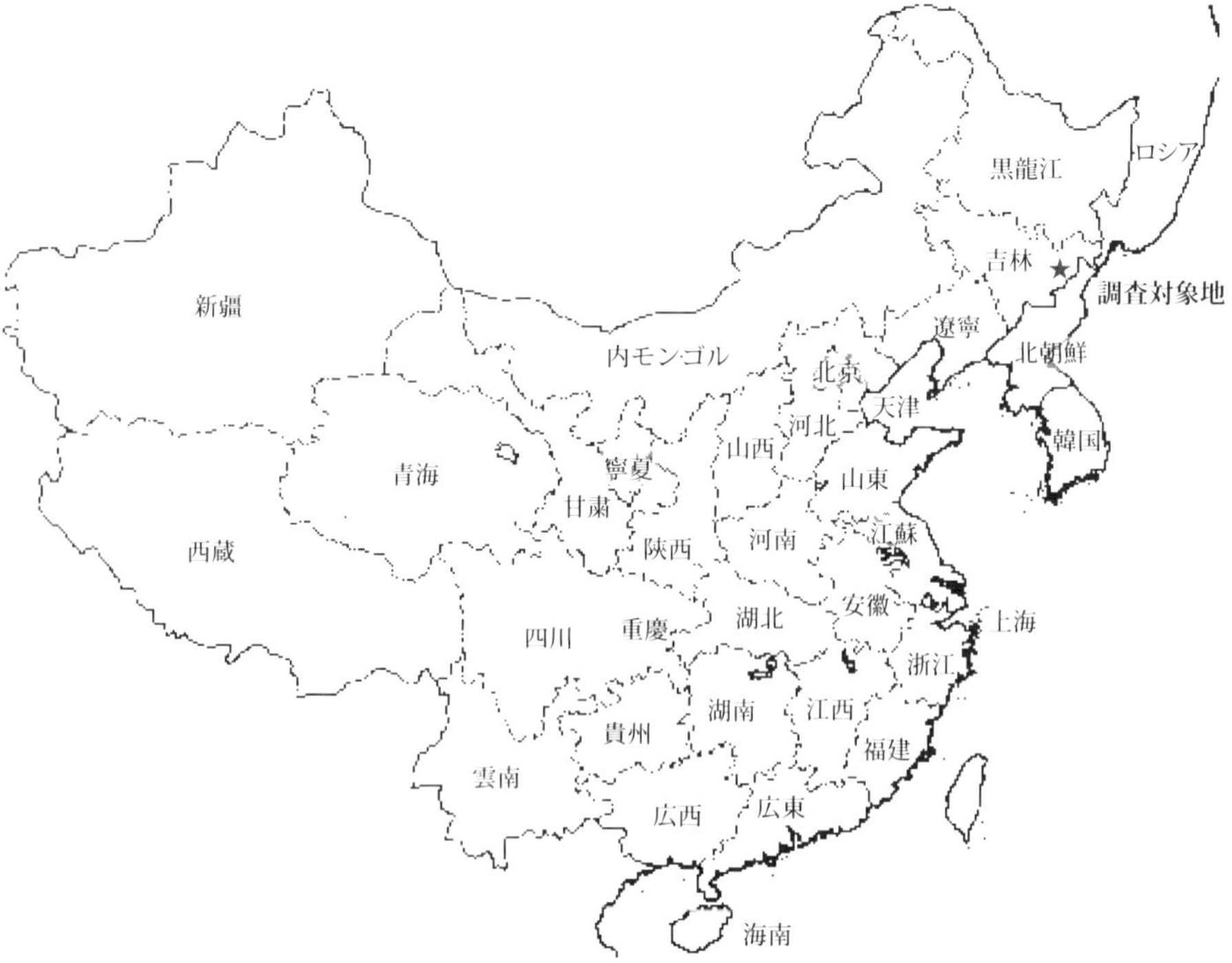

東北：黒龍江省　吉林省（本論の調査対象地所在省）　遼寧省
華北：内モンゴル自治区　河北省　山西省　北京市　天津市
華東：山東省　江蘇省　浙江省　福建省　江西省　安徽省　上海市
華中・華南：河南省　湖北省　湖南省　広東省　広西チワン族自治区　海南省
西南：四川省　貴州省　雲南省　西蔵自治区　重慶市
西北：陝西省　甘粛省　青海省　寧夏回族自治区　新疆ウイグル自治区

図１　地域区分における調査対象地の位置関係

人民網 http://unn.people.com.cn/GB/4585240.html を参考に 2012 年筆者作成

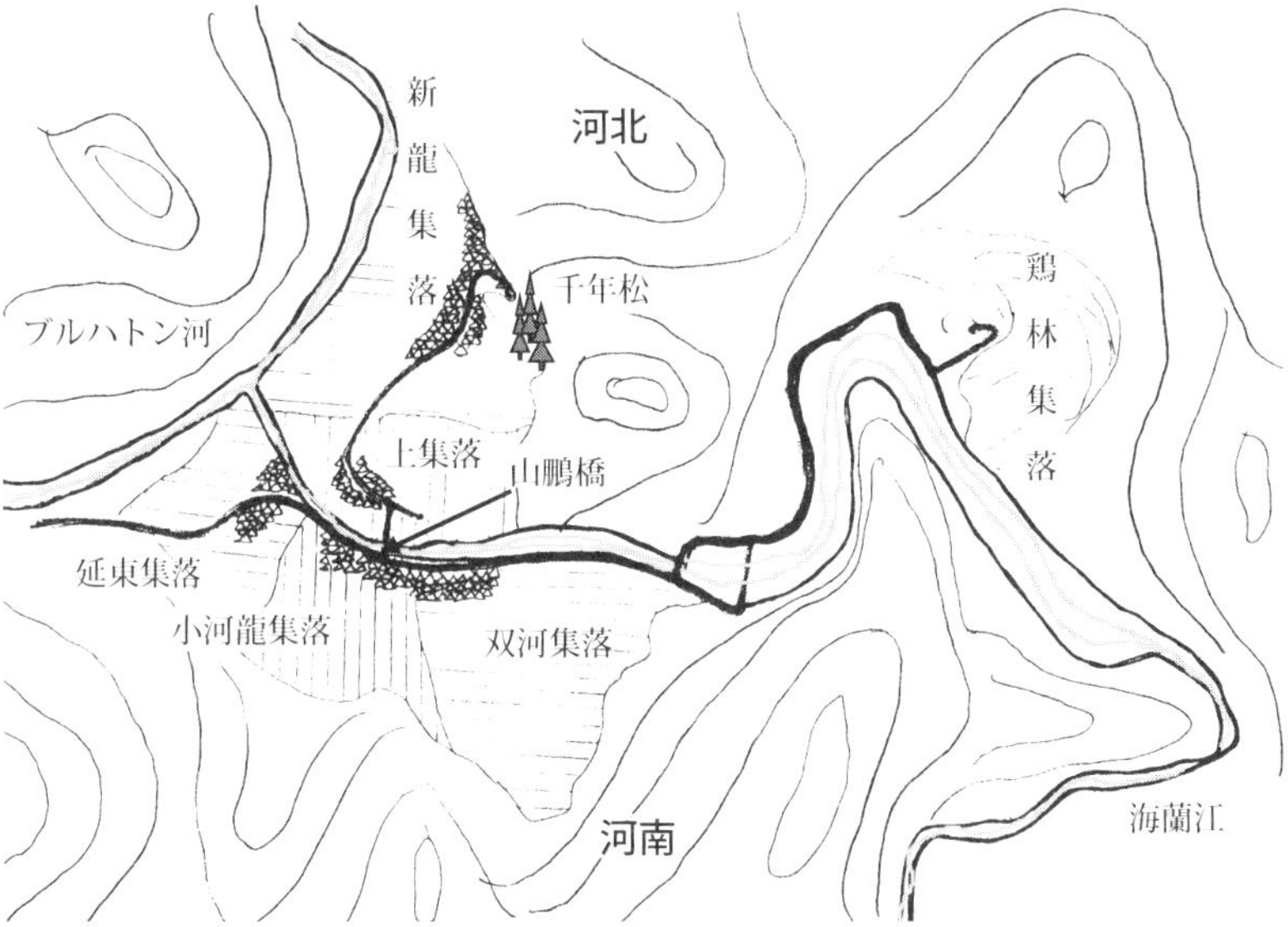

図２　山鵬村の略図　(2010年筆者作成)

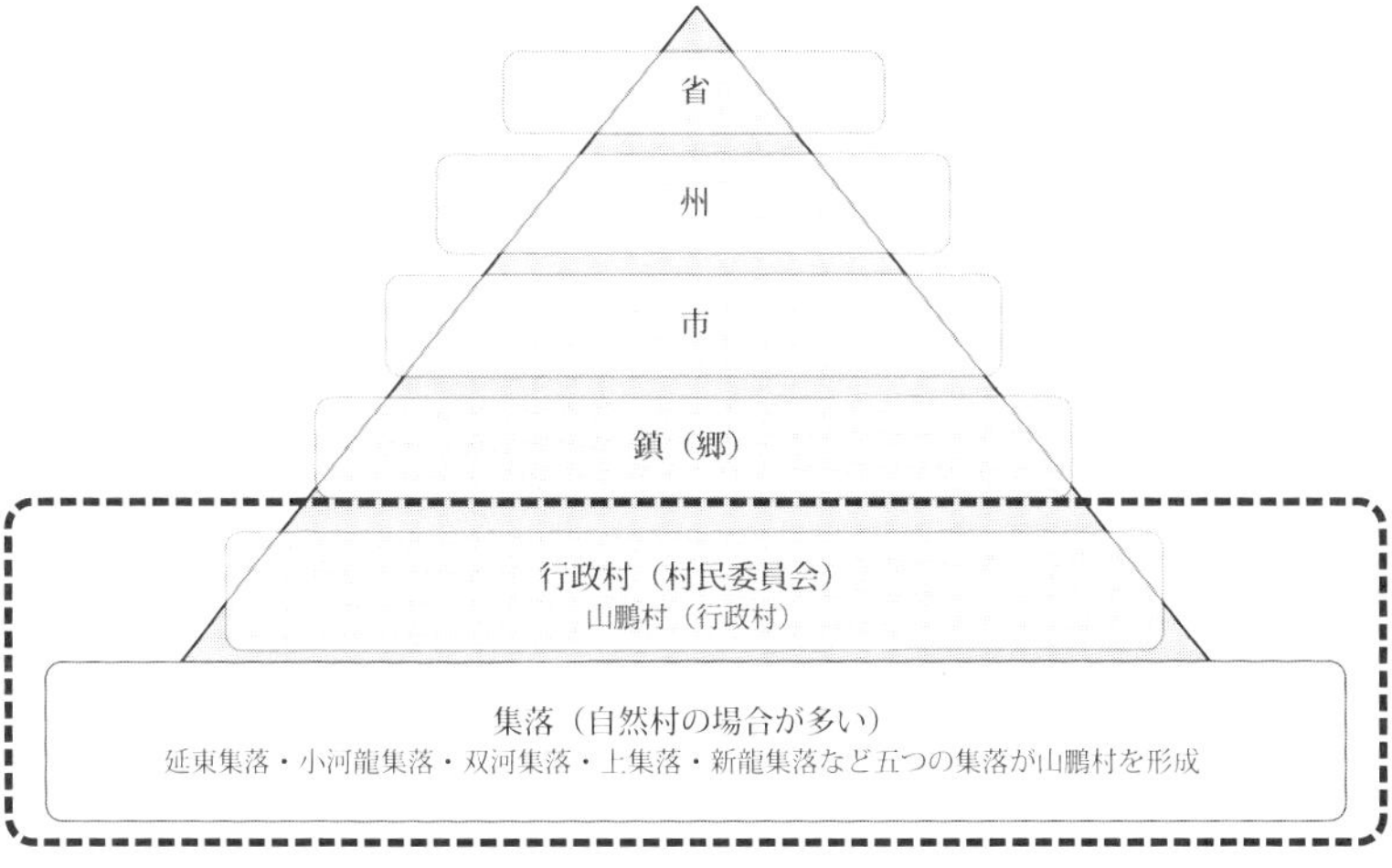

図３　調査対象地行政組織関連図（2011年筆者作成）

表１　中国東北部の朝鮮族に関する年表

清国時代	1644－1881年	禁山圍場　属琿春協領管轄
	1860－70年代	朝鮮鐘城郡下山峰の農民李兄弟が飢餓から逃れるために、危険を顧みず川を渡り、畑を開墾した。その後、多くの朝鮮人が犯禁越境
	1712年	国境が記された白頭山「定界碑」を設置
	1714年	清朝は琿春協領を設置し、辺境地区の巡察を強化
	1875年	清朝が西間島の封禁政策を廃止
	1881年	清朝は東北地方最後の禁断地域である吉林省東南部の禁山圍場を解放
	1882年	清朝が間島で「雉髪易服」による入籍令を発布し、朝鮮人の帰化を勧誘
	1883年	清朝と朝鮮両国の国境が「吉林朝鮮商民貿易地方章程」により開放、延辺地区に対する封禁令が解除、延辺地区が間島と呼ばれるようになる
	1885年	琿春に招墾局を設置し、移民實邊政策を実施－多くの朝鮮人農民が入ってきた 定界碑を巡る両国間の対立をめぐって第一次辺界談判が行われる
	1887年	第二次辺界談判が行われ、鴨緑江と豆満江を両国の国境と定めた
	1891年	清政府は和龍越懇局を撫懇局と改称
	1892年	朝鮮人の戸籍を調査し、清朝の臣民として認めた
	1895年	豆満江両岸で水田農業が始まった
	1897年	朝鮮は「光武改革」によって政権が交代し、国名を「大韓帝国」と改称 日本は「韓国の保護国」として「韓国の代理として間島所属問題を解決する」ことを提起
	1900年	義和団運動が起き、ロシアは東清鉄道の保護を口実に東北地方に侵入し、琿春など延辺地区と朝鮮北部地方を占領 海蘭江沿岸の東盛涌で水田耕作が始まった
	1902年	清朝が延吉庁を設立
	1905年	日本は、韓国の外交権を奪う「乙巳保護条約」を結び、朝鮮の外交権を行使 日露戦争で日本が勝利、遼東半島と南満鉄道およびその付属地を占領しただけでなく、間島を北都所、会寧間島、鐘城間島、茂山間島の４行政区に分けて「都社長」を任命し、その管轄下に41社、290の村を置き、社会長と村長を任命

清国時代	1906年	朝鮮人移民らは、龍井から会寧に繋がる沿道の大教洞で水田を開発、その後稲作が延辺各地に波及
	1907年 8 月	「朝鮮統監府間島臨時派出所」を設立
	1909年 2 月	日清談判が行われ、日本は間島が中国領土であることを認めたかわりに、朝鮮人は「韓国臣民」であり、その裁判権は日本が有し、吉会鉄道を日中共同経営に、天宝山銅鉱を共同開発とすることを提議、朝鮮開墾民が 3 万4133世帯、18万4867人に達した
	1909年 9 月	「満州および間島に関する日清協約」(『間島協約』) 締結
	1909年11月	「朝鮮統監府間島臨時派出所」を「間島日本総領事館」に改称
	1910年	日韓合併－朝鮮国内で「土地調査事業」が開始され、多くの破産農民を生み出す
	1912年	中華民国成立
中華民国	1914年	民国は「国有荒地承懇条例」を発表、吉林省も「吉林全省放荒規則」を発表
	1917年11月	世界最初の社会主義国家であるソビエト政権樹立
	1918年	「東洋拓殖会社」が朝鮮人農民に高い利子と土地契約書を抵当として貸付を開始
	1919年	龍井「3.13」反日デモが起きる 「延吉県米作暫定規定」を定める―稲作をする農民の権利を保護
	1920年	初の反日武装闘争が起きる 韓国統監府からの300人の警察が総領事館に配置された警察部に導入、同時に、10か所あまりに警察署を設置
	1921年12月	吉林省の省長から「水田農業を奨励し、農業を振興させよ」という訓令がでる
	1923年 3 月	「東洋学院」において共産主義宣伝部と特別部を設置－マルクス主義と社会主義理論を基本とする授業が開始
	1926年10月	龍井村に朝鮮共産党満州総局東満区域局を設立
	1928年 2 月	延辺で初の中共共産党組織である中共龍井村支部設立
	10月	日本から100名あまりの警察を導入
	1930年	国際共産党の「一国一党」の原則により、東北にある朝鮮共産主義団体を中国共産へ編入 党に加入させる事業が展開、東北で初のソビエト政府が設立 間島農民暴動が起きる
	1931年　春	東北軍閥政府傘下の吉林省政府が「3.7」「4.6」減租法令を頒布―しかし地方地主らはそれを実行しなかった

中華民国	9月	「9.18」事変（満州事変）によって、日本は軍隊を派遣せず延辺を占領 秋収闘争が起きる
	11月	総領事館警察部に「特殊捜査組」を設置
	1932年	日本がハルビンを占領、満州国の建国を宣言
	1934年まで	日本憲兵と警察により、94回の「海蘭江討伐」を敢行
	1936年	保甲制度を実施－10戸が1牌、村またはそれに準じる区域内の牌を1甲、警察署管轄区域内の甲を1保とし、嫌疑がかかれば、本人はもちろん5戸～10戸が「連座」してともに処罰される監視・統制体制を開始 「在満朝鮮人指導要綱」を制定し、延辺5県と東辺道の18県を朝鮮人集住区に指定
	1937年7月	盧溝橋事件
	11月	日本と満州国が締結した満州国の治外法権を撤回し、南満鉄道付属地行政権を譲渡するという条約によって、間島領事館と5の領事分館および警察署を撤回
	1938年	自作農創定計画を実施 「新学制」を実施し、日本語を「国語」とした強制教育を行う
	1939年11月	「制令」としての「朝鮮民事令」を改正し、朝鮮人の姓名制を廃止し、日本式の「氏名制」を規定 「創氏変更細則」を公布・実施
	1940年	皇民化政策実施－日の丸を掲げ、「全国臣民軍誓」と「国民訓」の暗記を強制 日本人移民経営を担当した満州拓殖会社と満鮮拓殖会社を合併して「満州拓殖会社」に改編、東北域内の移住民と移住事業を統一的に管理
	1945年8月15日	日本敗戦
	8月18日	ソ連赤軍が延吉に進駐
	9月15日	中共中央政治局が中共中央東北を設立する綱程を決定 創建な男性が軍隊に行き、老人と子供たちしか残ってないなか、軍人家族の女性を中心に自発的な助け合い組（1組が10戸余り）が組織
	10月27日	延辺人民民主大同盟を組織、延吉県臨時政府成立

中華民国	11月	延辺行政政督察専員公署が「10大施政綱領」を発布し、第6条において、「苛斂雑税を取消、人民の負担を軽減し、小作料と利子を引き下げる」と規定 中共延辺地方委員会では、村政務委員会、各団体代表地主と小作人を集めた調整委員会を建立し、屯（集落）にも同じ機能の組織を建立して小作料を決めることを要求 その他、日本人と満州国所有の土地を小作農に分与し、耕作権を確定し、小作料に「2.8」制を取り入れ、徴収した小作料は貧民救済と軍糧に使うことを要求
	末	悪質地主と日本軍の手先に対する清算が行われる
	1946年2月	延辺専員公署により延吉で延辺農業生産現場会議が開かれ、土地問題を討論－農民の土地に対する期待は非常に強く、現政権が差し押さえた日本人と日本の傀儡組織の財産を農民に合理的に分配し、耕作する 延辺専員公署の「延辺地区小作料条例」により小作料を昨年度の25％を下げることを決定、自然災害や人為的な災害により穀物の全てあるいは大部分に被害を被った場合は、小作料の支払いを中止および引き下げる
	3月	中共中央東北局が「日本侵略者と傀儡政権の土地の処理に関する指示」を公布－全ての東北地域内の日本侵略者と傀儡政権の土地、開拓地、満拓地および日本人と中国人地主の所有地を直ちに無対価にて、土地がないか少ない農民に分配するように指示 延辺専員公署ではこの指示により「吉林省延辺行政政督察専員公署布告第12号」を発布して、公有地を無償で、土地がないか少ない農民たちに分配
	4月	延辺専員公署により「延辺専員公署第12号布告」を頒布－個人に属する土地は、政府で極度の罪悪により土地の没収を決めた者を除き、一律にその所有権を保障し、何者もそれを犯すことはできないと決めた
	5月	中共中央による「土地問題に関する指示」頒布

中華民国	7月	中共中央東北局が「現状と任務に関する決定」を発表－各共産党組織に日本の手先を清算し、減税と食糧と土地を分ける階級闘争に農民を動員させることと、東北根拠地を創設することを指示 延辺田園公署の副専員による「延辺農業生産の総和」という報告において、「互助組」を提起―朝鮮族の共同農業のために集落を編成したことが互助組の良い土台である 中共東北局の決意によって民主大同盟の幹部と指導者たちが農村土地改革工作隊と民運工作隊に参加、中共中央の解放区における土地改革開始 ソ連赤軍が撤退、人民解放軍への入隊ブームが起きる
	8月	蔣介石率いる国民党の侵攻により、中共吉林省、省政府、省軍指導機関が延吉に移動
	10月	「海蘭江大虐殺清算大会」－7名死刑、1名無期懲役、1名7年有期懲役、1名5年有期懲役
	1947年	「中国土地法大綱」が頒布
	1948年	中国共産党延辺地区委員会が成立 朝鮮族の少数民族としての地位確定 土地の平均分配が終了 吉林が解放され、中共吉林省、省政府、省軍指導機関が延吉から吉林に戻った
中華人民共和国	1949年	中華人民共和国宣言 東北朝鮮人に中国国籍を与える 各党組織が互助合作運動を党の中心事業とする「生産隊に参加して生産を指導」を提起
	1950年6月	朝鮮戦争
	1951年3月	『農業生産互助合作の決議（草案）』が採決され、延辺地域委員会は土地出資を特徴とする初期合作社を試験的に建立する指示を出した
	1952年	延辺朝鮮民族自治区成立、第一次農業生産合作化ブームが起きる
	1953年	初の高級農業生産合作社設立、「食糧の計画的買い上げと計画的供給の実行に関する決議」発表
	1955年	延辺朝鮮族自治区が州へ格下げされ、吉林省の管轄下に置かれる
	1956年	農業合作化運動が完了
	1958年	人民公社が編成。大躍進運動に多くの農民が動員される
	1959年から	自然災害と人災にともなう飢餓が蔓延
	1961年	「農村人民公社における政策問題に関する緊急指示」を発表

中華人民共和国	1962年	北京7千人会議 中朝の平壌会談で中朝辺境条約が締結
	1966年	文革開始－朝鮮族の実権派の追い落とし開始
	1967年	紅衛兵運動の過激化と解放軍の介入
	1968年	紅衛兵運動終焉、紅衛兵の農村下放の指示
	1969年	延辺で学校幹部の「下放」開始、農村の「下放」青年の受け入れ開始
	1971年	中共延辺朝鮮族自治州委員会が設立
	1978年	文革終焉、「改革開放」政策方針が決まる
	1980年	延辺朝鮮族自治州革命委員会を自治州人民政府に改める
	1983－4年	土地承包法実施
	1987年	村民委員会組織法（試行法）試行
	1992年	中韓国交樹立

表2　調査対象村の土地政策、民族自治、葬制、土地利用形態の関連表

<table>
<tr><th rowspan="2">年</th><th rowspan="2">政治政策の変容</th><th rowspan="2">土地の所有形態</th><th rowspan="2">公的な民族自治</th><th rowspan="2">村の葬制</th><th colspan="2">村資源利用形態</th></tr>
<tr><th>山の利用</th><th>耕地の利用</th></tr>
<tr><td>1947</td><td>中国共産党による土地改革</td><td rowspan="3">私的所有</td><td rowspan="2">なし</td><td rowspan="12">慣習的な土葬</td><td rowspan="11">集落による利用</td><td rowspan="2">私的利用</td></tr>
<tr><td>1949</td><td>中華人民共和国成立</td></tr>
<tr><td>1952</td><td>農業生産の合作化</td><td>朝鮮民族自治区成立</td><td>互助合作</td></tr>
<tr><td>1953</td><td>合作社成立</td><td rowspan="3">合作社の所有</td><td>民族識別工作</td><td rowspan="8">集団利用</td></tr>
<tr><td>1954</td><td rowspan="2"></td><td>朝鮮民族自治州へ変更</td></tr>
<tr><td>1957</td><td rowspan="4">整風運動に関する報告
四旧打破</td></tr>
<tr><td>1958</td><td>人民公社</td><td rowspan="5">人民公社の所有</td></tr>
<tr><td>1961</td><td></td></tr>
<tr><td>1966</td><td>文革</td></tr>
<tr><td>1978</td><td>改革開放</td><td rowspan="12">迷信的活動は否定し、宗教活動は認めると方針にはあるが、その境界があいまいである</td></tr>
<tr><td>1982</td><td></td></tr>
<tr><td>1984</td><td>土地承包法</td><td rowspan="10">村民委員会管理下にある村の所有</td><td rowspan="3">私的利用</td><td rowspan="10">私的利用</td></tr>
<tr><td>1985</td><td rowspan="3"></td><td rowspan="9">殯葬管理で土葬禁止
火葬の増加</td></tr>
<tr><td>1986</td></tr>
<tr><td>1987</td><td rowspan="7">集落による利用</td></tr>
<tr><td>1988</td><td>村民委員会組織法(試行)</td></tr>
<tr><td>1992</td><td>中韓国交正常化</td></tr>
<tr><td></td><td></td></tr>
<tr><td></td><td></td></tr>
<tr><td>1997</td><td></td></tr>
<tr><td>1998</td><td>村民委員会組織法</td></tr>
</table>

索　引

人名索引

ア行

石田浩　117～119, 176, 177
内山雅生　8
江口伸吾　15, 20, 74
エドワード・テハン・チャン　30
大島一二　118
太田好信　105

カ行

加々美光行　16, 140
兼重努　96
祁建民　7, 9, 11, 20, 21, 176, 180
清水盛光　6
許輝勛　140, 141, 158
許明哲　96
金学鉄　158
金哲浩　14, 35, 38, 44～46
金美花　13, 121
クォン・テファン　14, 57, 121
黒田由彦　11, 12
厳善平　118
権香淑　13

サ行

崔長山　159
佐々木衛　13, 57, 121
周平　116
春桃著　4
孫春日　33～44, 59

タ行

滝沢秀樹　29, 30
滝田豪　5, 7, 75
田原史起　8, 10, 15, 75, 180
張玉林　4
張恩華　119
張文明　7, 19, 75
鄭雅英　121
鄭喜淑　97
陳桂棣　4
鶴嶋雪嶺　17

ナ行

中兼和津次　96
中根千枝　4, 8
西野真由　118, 119
根橋正一　117
聶莉莉　9, 10, 176

ハ行

バーナード・オリビエ　13, 57
白銀珠　57, 121
旗田巍　7
浜口允子　157
韓景旭　58, 97, 121
費孝通　9, 10, 16
古川彰　21, 103
星野昌裕　4

マ行

松田素二　21, 103

南裕子　10, 11

ヤ行

楊海英　157
姚洋　4

ラ行

李勁松　57, 121

事項索引

ア行

アイデンティティ　57, 96, 121
移民實邊　36, 37, 50
埋め込み　91, 171, 173, 174
延辺日報　33

カ行

階級成分　78, 89
海選選挙　15
下放　64
冠婚葬祭　14, 82〜85, 87, 180
江都會盟　34
間島協約　40
韓日乙巳保護条約　39
基礎幹部　19, 98
基礎社会　4, 5, 7, 19〜21, 47, 48, 50, 55, 73〜75, 81, 91, 92, 171, 172, 174
吉林全省放荒規則　40
虐殺事件　17, 159, 161
空気を読む　110, 111, 188
紅衛兵　48, 86, 87, 90, 162, 165
合作社　14, 58, 62〜64, 75, 76, 86
香徒法規　14
構成的自治　6〜8, 14, 15
国有荒地承墾条例　40
工作隊　45, 49, 74, 75
互助組　14, 46, 47, 58, 62
五族協和　43
戸籍制度　17, 24, 25, 55, 115〜120, 122, 129, 130, 173

サ行

3.1独立運動　40, 41
三農観光　95
自作農創定　44
執事　82〜87, 142, 143
社会関係資源　11〜14, 21, 26, 143, 171〜173, 175, 179, 182, 185
少数民族　4, 5, 13, 15, 16, 25, 32, 34, 45, 56, 57, 95, 96, 98, 112, 125, 140, 148, 157, 158, 171, 176, 178
集団化　7, 46, 47, 50, 58, 63, 64, 73, 76, 140
収用地問題　96
集落組織　18, 78, 79〜82, 84〜86, 89〜91, 173, 174, 180
信訪条例　103
人民公社　9, 11, 16, 47〜49, 58, 62, 73, 75, 76, 78, 89, 107, 128, 140, 142, 144
生産隊　58, 73
生産大隊　58, 73
政治表現　78, 84, 89
生成的自治　6〜8, 12, 14, 23, 171
選出基準　82, 84, 88, 91, 106
先富論　95
創意工夫　11〜13, 21, 24〜26, 141,

146, 147, 149〜154, 171, 173, 175〜179, 181, 185
相克　*5, 171, 174, 179, 181*
喪興契　*14, 82〜84, 86, 88, 141〜143*
相互扶助　*13, 46, 57, 58, 62, 82, 121, 140, 168, 176*
ソ連赤軍　*17, 59, 60, 70*
村民自治　*3〜8, 12, 15, 19, 24〜26, 71, 74, 75, 90〜92, 141, 153, 171〜176, 181, 183〜185*
村民委員会　*3, 5〜7, 10, 11, 15, 18, 2, 20, 22, 56, 73〜79, 81, 90, 98, 99, 101, 102, 105, 109, 119, 131〜133, 135, 141, 151, 152, 154, 162, 173, 174*
組織法　*3〜6, 15, 17, 19, 21, 24, 25, 55, 73〜76, 78, 79, 81, 82, 86, 88〜91, 106, 152, 173*

タ行

大躍進　*47, 63, 76*
脱農民　*124, 128*
多民族国家　*25*
秩序維持　*83, 167, 168, 181, 182*
差序格局　*8〜10, 179*
朝僑　*89, 91*
朝鮮開墾民　*37, 38, 40*
朝鮮人義勇軍　*29, 30*
中華民族多元一体構造　*4*
陳情　*69, 101〜103, 111*
出稼ぎ　*18, 22, 24, 64, 77, 79, 98, 99, 105, 116, 118, 119, 121〜128, 130〜132, 134, 135, 149〜151, 174, 183*
伝統組織　*9, 24, 82, 84〜86, 88, 91, 92, 173, 174, 180*
佃民制　*39, 50*
道士　*82〜85, 87, 142*
土地改革　*17, 33, 45〜48, 58, 61〜64, 75, 84, 86, 87, 160, 161*
土地商租権　*42, 43*
土地承包法　*3, 4, 34, 62, 76, 99, 100, 123, 129, 143*
土地調査事業　*40, 61*
土地利用　*22, 24, 25, 35, 36, 48, 51, 99, 116, 117, 128, 129, 139, 143*

ナ行

南満東蒙条約　*42*
農民工　*24, 116〜121*

ハ行

犯禁越境　*34〜36, 49, 56*
貧農　*45, 75, 84, 160*
紅五類　*161*
封彊政策　*34, 37*
封禁政策　*35〜37*
文革　*17, 25, 26, 48, 58, 62, 73, 76, 82, 84〜88, 141, 157, 158, 160〜165, 182, 183*
紛争　*4, 26, 42, 167, 183*
黒五類　*160〜162*
本村人　*126, 127, 129*

マ行

埋葬改革　*25, 139, 141, 143, 145, 147, 148, 152, 153, 174, 185*
末端組織　*7, 19, 28, 56, 74, 78, 140, 142, 173*
民族自治　*16, 17, 82, 140, 141, 153*

村幹部　*4, 5, 11, 73～79, 81, 82, 84, 86, 88, 89, 91, 106, 141～143, 151, 152*
免罪　*167, 168*

ラ行

留守　*24, 25, 64, 98, 115, 117, 119, 122～125, 127, 130, 132, 134～136, 174*
老人会　*18, 22, 65, 69, 78, 82, 84～86, 90, 93, 98, 105, 109～111, 130～132, 135, 141, 143, 148～151, 153, 161, 163*

著者紹介

林　梅（リン・メイ）

1968年中国東北地域生まれ。
関西学院大学社会学研究科博士後期課程修了。博士（社会学）。
関西学院大学先端社会研究所の専任研究員を経て、現在、関西学院大学社会学部助教。
専攻　社会学　アジア地域研究

主な業績
『フィールドは問う――越境するアジア』関西学院大学出版会、2013年（共著）。
「国境を越えた労働移動に伴う村落における『留守』の仕組み」、『日中社会学研究』第19号、2012年。
「墓地をめぐる行政の力と村の意思」、『ソシオロジ』第173号、2012年など。

中国《ちゅうごく》朝鮮族村落《ちょうせんぞくそんらく》の社会学的研究《しゃかいがくてきけんきゅう》
――自治《じち》と権力《けんりょく》の相克《そうこく》――

2014年11月10日　第1版第1刷発行

著　者　林　梅
発行者　橋本盛作
〒113-0033　東京都文京区本郷5-30-20
発行所　株式会社　御茶の水書房
電話　03-5684-0751

印刷・製本／シナノ印刷

ISBN 978-4-275-01086-5 C3036